Bibliografische Information der Deutschen Nationalbibliothek: Die Deutsche Nationalbibliothek verzeichnet diese Publikation in der Deutschen Nationalbibliografie; detaillierte bibliografische Daten sind im Internet über dnb.dnb.de abrufbar.

Die automatisierte Analyse des Werkes, um daraus Informationen insbesondere über Muster, Trends und Die automatisierte Analyse des Werkes, um daraus Informationen insbesondere über Muster, Trends und Korrelationen gemäß §44b UrhG („Text und Data Mining") zu gewinnen, ist untersagt

Weitere Mitwirkende: advisoryteam at3 GmbH

Verlag: BoD · Books on Demand GmbH, In de Tarpen 42, 22848 Norderstedt

Druck: Libri Plureos GmbH, Friedensallee 273, 22763 Hamburg

ISBN: 978-3-7693-1195-2

Table Of Contents

Kapitel 1: Einführung in Künstliche Intelligenz im Management

Was ist Künstliche Intelligenz?

Künstliche Intelligenz (KI) bezeichnet Technologien, die es Maschinen ermöglichen, menschenähnliche kognitive Funktionen auszuführen. Dazu gehören unter anderem das Lernen, das Problemlösen und das Verstehen von Sprache. In der heutigen Zeit ist KI nicht nur ein technisches Konzept, sondern ein integraler Bestandteil vieler Geschäftsprozesse. Unternehmen nutzen KI, um Effizienz zu steigern, Kosten zu senken und datengestützte Entscheidungen zu treffen. In diesem Kontext wird KI zu einem unverzichtbaren Werkzeug für das Management, die IT, den Vertrieb und das Marketing.

Ein zentraler Aspekt der KI ist das Machine Learning, das es Systemen ermöglicht, aus Daten zu lernen und sich selbstständig zu verbessern. Durch Algorithmen analysieren diese Systeme große Datenmengen und erkennen Muster, die für den Menschen oft schwer fassbar sind. Beispielsweise können Verkaufsprognosen anhand historischer Daten präziser erstellt werden, wodurch Vertriebsstrategien optimiert werden können. Dies zeigt, wie KI nicht nur die Effizienz erhöht, sondern auch zur strategischen Planung und Entscheidungsfindung beiträgt.

Darüber hinaus spielt die Verarbeitung natürlicher Sprache durch Neurolinguistisches Programmieren (NLP) eine entscheidende Rolle in der KI-Entwicklung. NLP-Technologien ermöglichen es Maschinen, menschliche Sprache zu verstehen und darauf zu reagieren. Dies hat direkte Anwendungen im Kundenservice, im Marketing und in der Vertriebsunterstützung. KI-gestützte Chatbots können beispielsweise Anfragen in Echtzeit bearbeiten und so die Kundenzufriedenheit erhöhen. Diese Technologien bieten Unternehmen die Möglichkeit, ihre Interaktionen mit Kunden zu personalisieren und deren Bedürfnisse besser zu verstehen.

Ein weiterer wichtiger Bereich ist die Automatisierung von Geschäftsprozessen durch KI. Routineaufgaben können automatisiert werden, wodurch Mitarbeiter sich auf strategische und kreative Tätigkeiten konzentrieren können. Dies führt nicht nur zu einer Verbesserung der Produktivität, sondern auch zu einer höheren Mitarbeiterzufriedenheit, da weniger Zeit mit repetitiven Aufgaben verbracht wird. In der Finanz- und Controlling-Abteilung können KI-gestützte Systeme zudem helfen, Anomalien in Finanzdaten schneller zu erkennen und Risiken frühzeitig zu identifizieren.

Abschließend lässt sich sagen, dass Künstliche Intelligenz eine transformative Kraft in der Geschäftswelt darstellt. Die Implementierung von KI-Technologien kann den Wettbewerbsvorteil eines Unternehmens maßgeblich steigern. Für Führungskräfte in Management, IT, Vertrieb und Marketing ist es entscheidend, sich mit den Möglichkeiten und Herausforderungen von KI auseinanderzusetzen. Ein fundiertes Verständnis von Künstlicher Intelligenz und deren Anwendung in der Praxis ist unerlässlich, um die Potenziale dieser Technologien voll auszuschöpfen und erfolgreich im digitalen Zeitalter zu agieren.

Bedeutung von KI im Management

Die Bedeutung von Künstlicher Intelligenz (KI) im Management ist in den letzten Jahren exponentiell gestiegen. Unternehmen stehen zunehmend vor der Herausforderung, große Datenmengen effizient zu verarbeiten und daraus wertvolle Erkenntnisse zu gewinnen. KI-Technologien bieten hierbei innovative Ansätze, um Entscheidungsprozesse zu optimieren und strategische Ziele zu erreichen. Insbesondere in Bereichen wie Vertrieb, Marketing und Controlling können KI-gestützte Systeme dazu beitragen, Trends frühzeitig zu erkennen und maßgeschneiderte Lösungen für die Kundenbedürfnisse zu entwickeln.

Ein zentrales Element der Integration von KI im Management ist die Automatisierung. Routineaufgaben, die zuvor viel Zeit in Anspruch genommen haben, können durch KI-gestützte Anwendungen automatisiert werden. Dies ermöglicht den Mitarbeitern, sich auf wertschöpfende Tätigkeiten zu konzentrieren und ihre Effizienz zu steigern. Beispielsweise können Chatbots im Kundenservice eingesetzt werden, um Anfragen rund um die Uhr zu bearbeiten, während das Vertriebsteam sich auf komplexere Verkaufsgespräche konzentrieren kann. Diese Art der Automatisierung führt nicht nur zu einer Kostenreduktion, sondern verbessert auch die Kundenzufriedenheit.

Ein weiterer wichtiger Aspekt ist die datengetriebene Entscheidungsfindung. KI-Systeme sind in der Lage, große Datenmengen zu analysieren und Muster zu erkennen, die für das menschliche Auge oft unsichtbar bleiben. Dies eröffnet Führungskräften neue Perspektiven und ermöglicht es ihnen, fundierte Entscheidungen zu treffen. In der Marketingabteilung können beispielsweise KI-Algorithmen zur Segmentierung von Zielgruppen eingesetzt werden, um personalisierte Kampagnen zu entwickeln, die gezielt auf die Bedürfnisse der Kunden zugeschnitten sind. Dies erhöht die Effektivität der Marketingmaßnahmen und führt zu einer höheren Conversion-Rate.

Die Implementierung von KI im Management erfordert jedoch nicht nur technologische Anpassungen, sondern auch eine Veränderung der Unternehmenskultur. Führungskräfte müssen offen für neue Technologien sein und eine Innovationskultur fördern, die den Einsatz von KI unterstützt. Schulungen und Weiterbildungsmaßnahmen sind notwendig, um die Mitarbeiter auf die Veränderungen vorzubereiten und ihnen die notwendigen Fähigkeiten zu vermitteln. Ein proaktiver Umgang mit KI kann dazu beitragen, dass Unternehmen wettbewerbsfähig bleiben und sich erfolgreich im digitalen Zeitalter positionieren.

Abschließend lässt sich sagen, dass die Bedeutung von KI im Management weitreichende Auswirkungen hat. Von der Effizienzsteigerung über die datengetriebene Entscheidungsfindung bis hin zur notwendigen kulturellen Transformation – die Implementierung von KI-Technologien ist ein Schlüssel zum Erfolg in der modernen Geschäftswelt. Unternehmen, die bereit sind, KI strategisch zu nutzen, werden nicht nur ihre internen Prozesse optimieren, sondern auch in der Lage sein, auf die dynamischen Veränderungen des Marktes agil zu reagieren und langfristigen Erfolg zu sichern.

Überblick über ChatGPT, Co-Pilot und ihre Anwendungen

ChatGPT und Co-Pilot sind fortschrittliches KI-Modelle. Sie wurden entwickelt, um menschenähnliche Texte zu generieren und können in einer Vielzahl von Anwendungen eingesetzt werden. In der heutigen Geschäftswelt ist die Fähigkeit, effizient und effektiv zu kommunizieren, entscheidend. KI Modelle ermöglichen es Unternehmen, ihre Kommunikation zu optimieren, indem es sowohl interne als auch externe Interaktionen verbessert. Die Vielseitigkeit des Modells macht es zu einem wertvollen Werkzeug für verschiedene Abteilungen wie Marketing, Vertrieb und Controlling.

Im Bereich des Marketings kann KI zur Erstellung von Inhalten verwendet werden, die ansprechend und zielgruppenspezifisch sind. Unternehmen können es nutzen, um Blogbeiträge, Social-Media-Posts oder sogar E-Mail-Kampagnen zu generieren. Durch die Automatisierung dieser Prozesse können Marketingteams Zeit sparen und sich auf strategischere Aufgaben konzentrieren. Darüber hinaus kann KI auch bei der Analyse von Kundenfeedback helfen, indem es Muster und Trends in den Daten erkennt, die für zukünftige Kampagnen genutzt werden können.

Im Vertrieb bieten ChatGPT & Co-Pilot die Möglichkeit, Kundengespräche zu simulieren und Verkaufstraining zu fördern. Durch die Generierung realistischer Gesprächsszenarien können Vertriebsmitarbeiter ihre Fähigkeiten verbessern und auf verschiedene Kundentypen eingehen. Des Weiteren kann das Modell auch zur Erstellung von Verkaufsunterlagen und Präsentationen verwendet werden, was den Prozess der Angebotserstellung beschleunigt und die Effizienz erhöht. In einer Zeit, in der der Wettbewerb ständig zunimmt, ist der Einsatz solcher Technologien ein entscheidender Vorteil.

Controlling-Teams können von KI Modellen ebenfalls profitieren, indem sie es zur Analyse von Finanzdaten und zur Erstellung von Berichten verwenden. Das Modell kann dabei helfen, komplexe Daten in verständliche Informationen umzuwandeln und so die Entscheidungsfindung zu unterstützen. Durch die Automatisierung von Routineaufgaben im Reporting-Prozess können Controlling-Mitarbeiter ihre Zeit besser nutzen und sich auf strategische Analysen konzentrieren, die einen größeren Einfluss auf die Unternehmensleistung haben.

Insgesamt zeigt sich, dass ChatGPT, Co-Pilot und Co ein vielseitiges Werkzeug darstellen, das in verschiedenen Unternehmensbereichen angewendet werden kann. Die Integration von KI in die Geschäftsprozesse ermöglicht es Unternehmen, effizienter zu arbeiten, Kosten zu sparen und letztlich ihre Wettbewerbsfähigkeit zu steigern. Durch die richtige Nutzung von ChatGPT und Co. und das Verständnis seiner Anwendungen können Führungskräfte in den Bereichen Management, IT, Vertrieb und Marketing die Vorteile dieser Technologie maximieren und ihre Organisationen auf den nächsten Level bringen.

Kapitel 2: Richtig Prompten – Grundlagen für den Einsatz von ChatGPT

Was sind Prompts?

Prompts sind kurze Texte oder Anweisungen, die an KI-Systeme wie ChatGPT und Co-Pilot gegeben werden, um spezifische Antworten oder Informationen zu erhalten. In der Praxis funktionieren sie als Katalysatoren für die Interaktion zwischen dem Benutzer und der KI. Durch die Formulierung präziser Prompts kann die Qualität und Relevanz der Antworten erheblich gesteigert werden. Für Fachleute aus den Bereichen Management, IT, Vertrieb und Marketing ist es entscheidend, die Kunst des richtigen Promptens zu beherrschen, um das volle Potenzial von KI-gestützten Werkzeugen auszuschöpfen.

Ein effektiver Prompt ist klar, spezifisch und zielgerichtet. Er sollte nicht nur das gewünschte Thema ansprechen, sondern auch den gewünschten Umfang und die Tiefe der Antwort vorgeben. Beispielsweise könnte ein Vertriebsteam, das Informationen über Markttrends sucht, einen Prompt verwenden wie: „Gib mir eine Analyse der aktuellen Trends im digitalen Marketing für kleine Unternehmen in Deutschland." Solche gezielten Anfragen ermöglichen es der KI, relevante und nützliche Informationen zu liefern, die direkt auf die Bedürfnisse des Nutzers zugeschnitten sind.

Die Gestaltung von Prompts erfordert ein gewisses Maß an Kreativität und Experimentierfreude. Oft ist es notwendig, verschiedene Formulierungen auszuprobieren, um die effektivsten Ergebnisse zu erzielen. Dies ist besonders wichtig in dynamischen Bereichen wie IT und Marketing, wo sich die Anforderungen und Rahmenbedingungen schnell ändern können. Ein iterativer Prozess, bei dem Prompts kontinuierlich angepasst und verfeinert werden, kann helfen, die Interaktion mit der KI zu optimieren und wertvolle Erkenntnisse zu gewinnen.

Einige Prompts werden am Ende des Buches als Volagen aufgelistet, diese können beliebig angepasst werden and die eigenen Bedürfnisse.

Zusätzlich spielt der Kontext eine entscheidende Rolle bei der Formulierung von Prompts. Management-Fachleute müssen sich bewusst sein, wie unterschiedliche Kontexte die Antworten der KI beeinflussen können. Ein prompt, der in einem strategischen Kontext gestellt wird, könnte andere Informationen hervorbringen als derselbe prompt in einem operativen Kontext. Die Berücksichtigung des spezifischen Geschäftsfeldes und der darunterliegenden Fragestellungen ist somit unerlässlich, um relevante und umsetzbare Ergebnisse zu erzielen.

Abschließend lässt sich sagen, dass das Verständnis von Prompts und deren gezieltem Einsatz ein Schlüssel zu erfolgreichem Management mit KI ist.

Indem Fachleute lernen, wie sie präzise und effektive Prompts formulieren, können sie nicht nur die Interaktion mit ChatGPT, Co-Pilot und ähnlichen Anwendungen verbessern, sondern auch wertvolle Insights für ihre jeweiligen Bereiche gewinnen. Die Fähigkeit, das Potenzial von KI durch richtiges Prompten zu nutzen, wird zunehmend zu einem Wettbewerbsvorteil in der heutigen Geschäftswelt.

Die Kunst des effektiven Promptens

Die Kunst des effektiven Promptens ist entscheidend für den erfolgreichen Einsatz von KI-gestützten Tools wie ChatGPT und Co-Pilot in verschiedenen Bereichen des Managements. Um die gewünschten Ergebnisse zu erzielen, müssen die Benutzer verstehen, wie sie ihre Anfragen präzise und zielgerichtet formulieren können. Dies erfordert nicht nur ein grundlegendes Verständnis der Funktionsweise von KI, sondern auch die Fähigkeit, die eigenen Bedürfnisse klar zu kommunizieren. Ein effektiver Prompt fungiert als Brücke zwischen dem Benutzer und der KI, und er sollte so gestaltet sein, dass er die besten Antworten liefert.

Ein zentraler Aspekt des effektiven Promptens ist die Klarheit der Anfrage. Management- und IT-Fachkräfte sollten darauf achten, dass ihre Fragen spezifisch und unmissverständlich sind. Anstatt allgemeine Anfragen zu stellen, wie „Erzählen Sie mir etwas über Marketing", sollte der Prompt konkreter formuliert werden, etwa „Welche Strategien sind in der aktuellen digitalen Marketinglandschaft am effektivsten?" Durch diese Präzision wird sichergestellt, dass die KI relevante und umsetzbare Informationen liefert, die direkt auf die Bedürfnisse des Unternehmens zugeschnitten sind.

Darüber hinaus ist es wichtig, den Kontext der Anfrage zu berücksichtigen. Im Vertrieb könnte ein effektiver Prompt die aktuelle Marktsituation und spezifische Herausforderungen einbeziehen, wie etwa „Wie kann unser Vertriebsteam die Kundenbindung in einem wettbewerbsintensiven Markt verbessern?" Indem der Kontext klar umrissen wird, kann die KI tiefere Einblicke und maßgeschneiderte Lösungen anbieten, die für die jeweilige Situation von Bedeutung sind. Dies fördert nicht nur die Effizienz, sondern auch die Effektivität bei der Nutzung von KI-Tools.

Ein weiterer Punkt, der beim Prompten zu beachten ist, ist die Iteration. Oft liefert die erste Antwort der KI nicht die gewünschten Ergebnisse. In solchen Fällen ist es ratsam, den Prompt anzupassen und die Anfrage zu verfeinern. Management-Profis sollten bereit sein, verschiedene Ansätze auszuprobieren und ihre Prompts kontinuierlich zu optimieren. Die Fähigkeit zur Anpassung und Verbesserung ist entscheidend, um das volle Potenzial von KI auszuschöpfen und sicherzustellen, dass die gelieferten Informationen den spezifischen Anforderungen des Unternehmens gerecht werden.

Abschließend lässt sich sagen, dass die Kunst des effektiven Promptens eine wertvolle Fähigkeit für alle Führungskräfte ist, die KI-gestützte Lösungen implementieren möchten. Indem sie lernen, prägnante, kontextualisierte und iterative Anfragen zu formulieren, können sie die Leistung von Tools wie ChatGPT, Co-Pilot un Co. maximieren. Diese Praxis wird nicht nur die Qualität der erhaltenen Informationen verbessern, sondern auch die Entscheidungsfindung in den Bereichen Management, IT, Vertrieb und Marketing unterstützen.

Beispiele für erfolgreiche Prompts

Im Bereich des Managements ist es entscheidend, präzise und zielgerichtete Prompts zu formulieren, um das Potenzial von KI-gestützten Tools wie ChatGPT, Co-Pilot und Co. optimal auszuschöpfen. Ein erfolgreicher Prompt könnte beispielsweise die Frage beinhalten: "Welche Trends im Vertrieb könnten unser Unternehmen im nächsten Jahr beeinflussen?" Dieser Ansatz ermöglicht es, relevante Marktdaten und Zukunftsprognosen zu erhalten, die für strategische Entscheidungen im Vertrieb von großer Bedeutung sind. Indem Führungskräfte solche gezielten Fragen stellen, können sie wertvolle Einblicke gewinnen, die ihre Geschäftsstrategien unterstützen.

Ein weiteres Beispiel für einen effektiven Prompt im Bereich IT könnte lauten: "Welche Sicherheitsmaßnahmen sollten wir implementieren, um unsere Daten vor Cyberangriffen zu schützen?" Dieser Prompt führt zu präzisen und umsetzbaren aber dennoch sehr generischen Empfehlungen, die für die IT-Abteilung entscheidend sind. Die Formulierung ist klar und fokussiert, was es der KI erleichtert, relevante Informationen zu liefern. Durch die Nutzung von KI in dieser Weise können Unternehmen ihre Sicherheitsstrategien proaktiv gestalten und sich besser gegen potenzielle Bedrohungen wappnen. Für eine Individuelle Lösung muss der Prompt jedoch noch verfeinert werden.

Im Controlling könnte ein erfolgreicher Prompt die Frage beinhalten: "Wie können wir unsere Kostenstruktur optimieren, um die Rentabilität zu steigern?" Dieser Ansatz ermöglicht es, konkrete Vorschläge zur Kostensenkung zu erhalten und gleichzeitig die Effizienz zu steigern. Die KI kann dabei helfen, verschiedene Szenarien zu analysieren und die Auswirkungen verschiedener Maßnahmen auf die Rentabilität zu simulieren. Solche analytischen Ansätze sind für das Controlling von entscheidender Bedeutung, um fundierte Entscheidungen zu treffen. Für individuelle Analysen braucht die KI jedoch auch individuelle Datenpunkte.

Im Marketing könnte ein effektiver Prompt lauten: "Welche Zielgruppen sollten wir für unsere nächste Kampagne anvisieren, um die besten Ergebnisse zu erzielen?" Durch diese gezielte Fragestellung erhält das Marketingteam präzise Informationen über potenzielle Kunden und deren Bedürfnisse. Die KI kann Trends und demografische Daten analysieren, um die Ansprache zu optimieren. Dies erlaubt es dem Marketing, maßgeschneiderte Kampagnen zu entwickeln, die eine höhere Conversion-Rate versprechen.

Schließlich könnte ein Prompt für die Geschäftsführung die Frage enthalten: "Welche Maßnahmen sollten wir ergreifen, um unser Unternehmensimage zu verbessern?"

Für alle Prompts gilt: Fragen müssen gezielt gestellt werden. Je mehr Details geteilt werden, desto besser werden die Ergebnisse. Wenn die bei einem Prompt wie oben genannt für die Geschäftsführung das Unternehmen und das aktuelle Image nicht Teil des Prompts sind, so wird die Aussage der KI ebenfalls sehr generisch bleiben.

gezielte Fragen fördern eine proaktive Auseinandersetzung mit der Markenwahrnehmung und ermöglicht es der Geschäftsführung, strategische Entscheidungen zu treffen, die langfristig positive Auswirkungen auf das Unternehmen haben. Durch gezielte Prompts können Führungskräfte nicht nur aktuelle Herausforderungen adressieren, sondern auch die Zukunft ihres Unternehmens aktiv gestalten.

Kapitel 3: Praktische Anwendung von ChatGPT im Management

Einsatzmöglichkeiten in der Unternehmensführung

Die Integration von Künstlicher Intelligenz (KI) in die Unternehmensführung eröffnet zahlreiche Möglichkeiten zur Effizienzsteigerung und Entscheidungsfindung. Unternehmen können durch den Einsatz von KI-Anwendungen wie ChatGPT, Co-Pilot und Co. wertvolle Zeit sparen und Ressourcen optimal nutzen. Insbesondere im Management, IT, Vertrieb und Marketing lassen sich durch automatisierte Prozesse und intelligente Analysen signifikante Verbesserungen erzielen. Die Automatisierung von Routineaufgaben ermöglicht es Führungskräften, sich auf strategische Entscheidungen zu konzentrieren.

Ein besonders vielversprechender Bereich ist die Datenanalyse. KI-Systeme können große Datenmengen in Echtzeit verarbeiten und Muster sowie Trends identifizieren, die für das Unternehmen von Bedeutung sind. Diese Erkenntnisse unterstützen das Management bei der Identifizierung neuer Geschäftsmöglichkeiten, der Optimierung von Vertriebsstrategien und der Anpassung von Marketingkampagnen an die Bedürfnisse der Kunden. Durch den Einsatz von KI-gestützten Analysetools wird die Entscheidungsfindung datenbasiert und objektiver, was zu einer höheren Erfolgsquote führt.

Ein weiterer wichtiger Einsatzbereich ist die Verbesserung der Kundenkommunikation. KI-gestützte Chatbots und virtuelle Assistenten können den Kundenservice optimieren, indem sie rund um die Uhr verfügbar sind und häufige Anfragen automatisiert beantworten. Dies entlastet die Mitarbeiter im Vertrieb und Kundenservice und ermöglicht es ihnen, sich auf komplexere Anliegen zu konzentrieren. Zudem können durch die Analyse von Kundeninteraktionen wertvolle Erkenntnisse über das Kundenverhalten gewonnen werden, die für zukünftige Vertriebs- und Marketingstrategien von Bedeutung sind.

Im Controlling und in der Finanzplanung bietet KI die Möglichkeit, Prozesse zu automatisieren und Risiken besser zu bewerten. KI-gestützte Systeme können Finanzdaten in Echtzeit analysieren und unregelmäßige Muster erkennen, die auf potenzielle Probleme hinweisen. Dies unterstützt das Controlling dabei, rechtzeitig Maßnahmen zu ergreifen und die finanzielle Gesundheit des Unternehmens zu sichern. Darüber hinaus können durch präzisere Vorhersagemodelle die Budgetplanung und -überwachung erheblich verbessert werden.

Letztlich ist der Einsatz von KI in der Unternehmensführung nicht nur eine Frage der Effizienz, sondern auch der Innovationsfähigkeit. Unternehmen, die KI-Technologien frühzeitig adaptieren, verschaffen sich einen Wettbewerbsvorteil. Indem sie ihre Mitarbeiter in die Nutzung von KI-Tools einbeziehen und Schulungen anbieten, fördern sie eine Kultur der kontinuierlichen Verbesserung und Anpassungsfähigkeit. Die Kombination aus technologischem Fortschritt und menschlicher Kreativität wird entscheidend sein, um die Herausforderungen der Zukunft erfolgreich zu meistern.

KI-gestützte Entscheidungsfindung

KI-gestützte Entscheidungsfindung hat in den letzten Jahren zunehmend an Bedeutung gewonnen und stellt eine transformative Kraft im Management dar. Unternehmen nutzen Künstliche Intelligenz, um Datenanalysen durchzuführen, Muster zu erkennen und fundierte Entscheidungen zu treffen. Die Fähigkeit, große Datenmengen in Echtzeit zu verarbeiten, ermöglicht es Führungskräften, Entscheidungen zu treffen, die zuvor aufgrund von Zeit- oder Ressourcenmangel unmöglich gewesen wären. Diese Technologie hilft nicht nur, Risiken zu minimieren, sondern auch Chancen zu identifizieren, die für das Wachstum und die Wettbewerbsfähigkeit eines Unternehmens entscheidend sind.

Ein zentraler Aspekt der KI-gestützten Entscheidungsfindung ist die Verwendung von Algorithmen, die aus historischen Daten lernen. Diese Algorithmen können vorausschauende Analysen durchführen, die es Managern ermöglichen, Trends zu erkennen und Prognosen zu erstellen. Beispielsweise können Vertriebsabteilungen mithilfe von KI vorhersagen, welche Produkte in bestimmten Märkten besser abschneiden werden. Dies ermöglicht eine gezielte Anpassung der Vertriebsstrategien und eine Optimierung der Ressourcenallokation. Das Verständnis, wie diese Algorithmen funktionieren, ist entscheidend für Manager, um die Ergebnisse richtig zu interpretieren und strategisch zu handeln.

Die Integration von KI in den Entscheidungsprozess erfordert jedoch auch ein Umdenken in der Unternehmenskultur. Führungskräfte müssen bereit sein, datengetriebenes Denken zu fördern und eine Umgebung zu schaffen, in der Entscheidungen auf der Basis von Analysen und nicht nur auf Intuition getroffen werden. Dies bedeutet, dass Mitarbeitende geschult werden müssen, um KI-Tools effektiv zu nutzen und die gewonnenen Erkenntnisse in den Entscheidungsprozess einzubringen. Ein solches Umdenken kann nicht nur die Effizienz steigern, sondern auch die Innovationskraft des Unternehmens fördern.

Ein weiterer wichtiger Punkt ist die ethische Dimension der KI-gestützten Entscheidungsfindung. Bei der Verwendung von KI zur Analyse sensibler Daten müssen Unternehmen sicherstellen, dass sie die Datenschutzbestimmungen einhalten und die Privatsphäre der Kunden respektieren. Transparente Prozesse und klare Richtlinien sind notwendig, um das Vertrauen der Stakeholder in die KI-gesteuerten Entscheidungen zu stärken. Unternehmen, die verantwortungsbewusst mit KI umgehen, werden nicht nur regulatorische Herausforderungen meistern, sondern auch ihren Ruf und ihre Kundenbindung verbessern.

Zusammenfassend lässt sich sagen, dass KI-gestützte Entscheidungsfindung ein unverzichtbares Werkzeug für modernes Management darstellt. Die Fähigkeit, datenbasierte Entscheidungen zu treffen, kann einen erheblichen Wettbewerbsvorteil bieten. Gleichzeitig erfordert die Implementierung dieser Technologien eine umfassende Schulung und eine strategische Neuausrichtung der Unternehmenswerte. Für Manager in den Bereichen IT, Vertrieb, Marketing und Controlling ist es von entscheidender Bedeutung, sich mit den Möglichkeiten und Herausforderungen der KI auseinanderzusetzen, um das volle Potenzial dieser Technologien auszuschöpfen.

Automatisierung von Routineaufgaben

Die Automatisierung von Routineaufgaben ist ein entscheidender Schritt für Unternehmen, die Effizienz und Produktivität steigern möchten. In einer Zeit, in der Zeitmanagement und Ressourcenschonung von größter Bedeutung sind, bietet die Implementierung von KI-Technologien wie ChatGPT, Co-Pilot und Co. eine vielversprechende Lösung. Routineaufgaben, die häufig viel Zeit und Energie in Anspruch nehmen, können durch den Einsatz von KI erheblich vereinfacht werden. Dies ermöglicht den Mitarbeitenden, sich auf strategischere und wertschöpfende Tätigkeiten zu konzentrieren.

Ein Beispiel für Routineaufgaben, die automatisiert werden können, sind administrative Tätigkeiten wie Terminplanung, Datenverwaltung oder die Beantwortung häufig gestellter Fragen. Diese Aufgaben sind oft repetitiv und erfordern keine tiefgehenden menschlichen Fähigkeiten. Durch den Einsatz von ChatGPT und Co. können Unternehmen diese Prozesse effizienter gestalten, indem sie die KI mit den entsprechenden Informationen trainieren. Dies führt nicht nur zu einer Zeitersparnis, sondern auch zu einer Reduzierung von Fehlern, die bei manueller Bearbeitung auftreten können.

Darüber hinaus kann die Automatisierung von Routineaufgaben auch die interne Kommunikation verbessern. Viele Unternehmen kämpfen mit der Informationsüberflutung und der Fragmentierung von Kanälen.

ChatGPT, Co-Pilot und andere Tools können hier als zentrale Anlaufstelle fungieren, die Informationen bereitstellt und Anfragen bearbeitet. Dadurch wird die Kommunikation klarer und strukturierter, was letztlich zu einer besseren Zusammenarbeit zwischen Abteilungen führt. Mit einer gut implementierten KI-Lösung können Mitarbeitende schneller auf benötigte Informationen zugreifen und ihre Aufgaben effizienter erledigen.

Ein weiterer Vorteil der Automatisierung ist die Skalierbarkeit. Wenn Unternehmen wachsen, steigen auch die Anforderungen an die Arbeitslast. Ein KI-gestütztes System kann problemlos an die steigenden Bedürfnisse angepasst werden, ohne dass zusätzliches Personal eingestellt werden muss. Dies ist besonders vorteilhaft für kleine und mittelständische Unternehmen, die oft mit begrenzten Ressourcen arbeiten. Durch die Automatisierung können sie ihre Kapazitäten erweitern und gleichzeitig die Kosten im Griff behalten.

Die Automatisierung von Routineaufgaben ist also nicht nur eine Frage der Effizienz, sondern auch eine strategische Entscheidung für die Zukunft von Unternehmen. Durch den Einsatz von KI-Technologien wie ChatGPT und Co. können Organisationen ihre Prozesse optimieren und sich auf das Wesentliche konzentrieren. Das richtige Prompten und die gezielte Nutzung von KI-Tools werden entscheidend sein, um das volle Potenzial dieser Technologien auszuschöpfen und im Wettbewerb erfolgreich zu bleiben.

Kapitel 4: ChatGPT und Co. im Vertrieb und Marketing
Lead-Generierung und Qualifizierung

Lead-Generierung und Qualifizierung sind zentrale Aspekte im modernen Marketing und Vertrieb, die durch den Einsatz von Künstlicher Intelligenz (KI) erheblich optimiert werden können. In der heutigen Geschäftswelt, in der der Wettbewerb stetig zunimmt, ist es entscheidend, potenzielle Kunden gezielt anzusprechen und deren Bedürfnisse präzise zu identifizieren. ChatGPT, Co-Pilot und ähnliche KI-gestützte Tools bieten umfangreiche Möglichkeiten, um diesen Prozess nicht nur zu automatisieren, sondern auch zu personalisieren. Dies ermöglicht es Unternehmen, ihre Ressourcen effizienter einzusetzen und den ROI ihrer Marketing- und Vertriebsaktivitäten zu steigern.

Um eine effektive Lead-Generierung zu erreichen, ist es wichtig, relevante Daten zu sammeln und zu analysieren. Hierbei kommen KI-gestützte Analysen zum Tragen, die große Datenmengen in Echtzeit verarbeiten können. Mit Hilfe von KI Modellen wie ChatGPT oder Co-Pilot können Unternehmen maßgeschneiderte Fragebögen und Umfragen erstellen, die den Bedürfnissen ihrer Zielgruppe entsprechen. Die gesammelten Informationen dienen nicht nur der Identifikation von Leads, sondern auch der Segmentierung der Zielgruppe

Durch präzise Segmentierung können Unternehmen gezielt Ansprachestrategien entwickeln, die auf die spezifischen Interessen und Bedürfnisse der jeweiligen Segmente abgestimmt sind.Die Qualifizierung von Leads ist ein weiterer kritischer Schritt im Verkaufsprozess.

Hierbei geht es darum, den Wert eines Leads zu bewerten und festzustellen, ob er tatsächlich zum Kauf bereit ist. KI-Tools wie ChatGPT und Co-Pilot können dabei unterstützen, indem sie Interaktionen mit potenziellen Kunden analysieren und Muster erkennen, die auf Kaufbereitschaft hindeuten. Die Analyse von Kommunikationsverläufen, E-Mail-Antworten und Social-Media-Interaktionen ermöglicht es, Leads in verschiedene Kategorien einzuteilen. Auf diese Weise können Vertriebsmitarbeiter ihre Bemühungen auf die vielversprechendsten Leads konzentrieren und ihre Erfolgschancen erhöhen.

Zudem können KI-gestützte Systeme dabei helfen, Vorhersagen über das Verhalten von Leads zu treffen. Durch maschinelles Lernen können Modelle entwickelt werden, die auf historischen Daten basieren und zukünftige Trends identifizieren. Dies kann Vertriebs- und Marketingteams dabei unterstützen, proaktive Strategien zu entwickeln, um Leads zur Kaufentscheidung zu führen. Die Kombination aus Datenanalyse und KI-gestützter Vorhersage ermöglicht es Unternehmen, nicht nur reaktiv zu handeln, sondern auch strategisch zu planen und ihre Aktivitäten entsprechend anzupassen.

Abschließend lässt sich festhalten, dass die Integration von KI in die Lead-Generierung und -Qualifizierung einen signifikanten Wettbewerbsvorteil verschaffen kann. Unternehmen, die in der Lage sind, Daten effektiv zu nutzen und KI-Tools wie ChatGPT und Co-Pilot strategisch einzusetzen, werden nicht nur effizientere Prozesse entwickeln, sondern auch tiefere Einblicke in das Verhalten und die Bedürfnisse ihrer Kunden gewinnen. Diese Erkenntnisse sind entscheidend, um in einem sich ständig verändernden Markt erfolgreich zu bleiben und langfristige Kundenbeziehungen aufzubauen.

Personalisierte Kundenansprache

Personalisierte Kundenansprache ist ein entscheidender Faktor für den Erfolg in der heutigen Geschäftswelt. Mit der fortschreitenden Digitalisierung und der zunehmenden Verfügbarkeit von Kundendaten haben Unternehmen die Möglichkeit, ihre Kommunikationsstrategien zu optimieren und gezielt auf die Bedürfnisse ihrer Zielgruppen einzugehen. Die Nutzung von Künstlicher Intelligenz (KI) und speziell von Tools wie ChatGPT und Co-Pilot ermöglicht eine tiefere Analyse von Kundenverhalten und -präferenzen. Dies erlaubt es Unternehmen, personalisierte Nachrichten zu generieren, die auf den individuellen Interessen und dem bisherigen Kaufverhalten basieren.

Ein zentraler Aspekt der personalisierten Kundenansprache ist die Segmentierung der Zielgruppe. Durch die richtige Analyse von demografischen Daten, Kaufhistorien und Interaktionen kann eine feingliedrige Segmentierung erfolgen. KI-gestützte Algorithmen helfen dabei, Muster zu erkennen und Gruppen zu bilden, die ähnliche Eigenschaften aufweisen. Diese Segmente können dann gezielt angesprochen werden, was die Wahrscheinlichkeit erhöht, dass die Botschaft beim Kunden ankommt und eine positive Reaktion hervorruft. Unternehmen, die diese Techniken anwenden, berichten häufig von höheren Konversionsraten und einer stärkeren Kundenbindung.

Ein weiterer Vorteil der personalisierten Ansprache ist die Möglichkeit, den Kommunikationskanal nach den Vorlieben der Kunden auszuwählen. Während einige Kunden auf E-Mails gut reagieren, ziehen andere vielleicht soziale Medien oder persönliche Gespräche vor. KI-Systeme können Daten analysieren, um die besten Kanäle für die jeweilige Zielgruppe zu identifizieren, und somit die Effizienz der Marketingmaßnahmen steigern. Die Kombination aus personalisierter Ansprache und dem richtigen Kanal führt zu einer erheblichen Verbesserung der Customer Experience.

Die Implementierung von personalisierten Ansprachemethoden erfordert jedoch eine sorgfältige Planung und eine enge Zusammenarbeit zwischen verschiedenen Abteilungen wie Marketing, Vertrieb und IT. Es ist wichtig, dass alle Beteiligten die gleichen Ziele verfolgen und die gesammelten Daten sinnvoll nutzen. Eine klare Strategie, die die Rollen und Verantwortlichkeiten definiert, ist unerlässlich, um die Vorteile der personalisierten Kundenansprache voll auszuschöpfen. Zudem müssen die Datenschutzbestimmungen beachtet werden, um das Vertrauen der Kunden nicht zu gefährden.

Abschließend lässt sich festhalten, dass die personalisierte Kundenansprache ein wertvolles Instrument für Unternehmen ist, die ihre Marktposition stärken wollen. Künstliche Intelligenz und moderne Technologien bieten die nötigen Werkzeuge, um Kundenbedürfnisse besser zu verstehen und gezielt zu bedienen. Durch die Kombination von Datenauswertung, zielgerichteter Kommunikation und einer durchdachten Strategie können Unternehmen nicht nur ihre Kundenbindung verbessern, sondern auch neue Kunden gewinnen und langfristigen Erfolg sichern.

Marktanalysen und Trendprognosen

Marktanalysen und Trendprognosen spielen eine entscheidende Rolle für das erfolgreiche Management in einer zunehmend digitalisierten Welt. Die Fähigkeit, Marktveränderungen frühzeitig zu erkennen und darauf zu reagieren, ist für Unternehmen unerlässlich. KI-gestützte Tools wie ChatGPT und CO-Pilot bieten eine Vielzahl von Möglichkeiten, um Marktdaten zu analysieren und Trends präzise vorherzusagen. Durch den Einsatz von KI können Unternehmen nicht nur aktuelle Marktbedingungen besser verstehen, sondern auch strategische Entscheidungen auf einer soliden Datenbasis treffen.

Die Implementierung von KI in die Marktanalyse ermöglicht eine tiefere Einsicht in Kundenverhalten und Markttrends. Durch die Verarbeitung großer Datenmengen kann KI Muster identifizieren, die für den Menschen schwer zu erkennen sind. Dies umfasst sowohl historische Daten als auch Echtzeitinformationen. Unternehmen, die diese Technologien nutzen, können ihre Marketingstrategien anpassen und zielgerichtete Kampagnen entwickeln, die den Bedürfnissen ihrer Zielgruppe entsprechen. Die Fähigkeit, relevante Informationen schnell zu extrahieren, spart nicht nur Zeit, sondern erhöht auch die Effizienz der Entscheidungsfindung.

Ein weiterer Vorteil von KI in der Trendprognose ist die Möglichkeit, Szenarien zu simulieren und deren Auswirkungen zu bewerten. Durch den Einsatz von Machine Learning-Algorithmen können Unternehmen verschiedene Marktbedingungen durchspielen, um die besten Handlungsoptionen zu ermitteln. Diese simulationsbasierten Ansätze helfen, Unsicherheiten zu reduzieren und Risiken besser zu managen. Die Visualisierung dieser Szenarien bietet Führungskräften und Entscheidungsträgern wertvolle Einsichten, die in die strategische Planung einfließen können.

Der Einsatz von KI in der Marktanalyse erfordert jedoch auch eine sorgfältige Betrachtung der Datenqualität und der ethischen Implikationen. Unternehmen müssen sicherstellen, dass die Daten, die sie zur Analyse verwenden, aktuell, relevant und genau sind. Ebenso wichtig ist es, Transparenz darüber zu schaffen, wie diese Daten gesammelt und verarbeitet werden. Das Vertrauen der Kunden in die Datensicherheit und den verantwortungsvollen Umgang mit Informationen ist entscheidend für den langfristigen Erfolg von Unternehmen, die KI-Technologien einsetzen.

Abschließend lässt sich sagen, dass Marktanalysen und Trendprognosen mit Hilfe von KI nicht nur die Effizienz steigern, sondern auch die strategische Ausrichtung von Unternehmen erheblich verbessern können. Die richtige Anwendung von KI-Tools ermöglicht es Führungskräften, informierte Entscheidungen zu treffen und sich proaktiv an veränderte Marktbedingungen anzupassen. In einer Welt, in der Veränderungen die Norm sind, ist die Fähigkeit, Trends frühzeitig zu erkennen und darauf zu reagieren, ein entscheidender Wettbewerbsvorteil.

Kapitel 5: Unterstützung in der IT und im Controlling
Automatisierung von Berichten und Analysen

Die Automatisierung von Berichten und Analysen stellt einen entscheidenden Schritt in der modernen Unternehmensführung dar. In Zeiten, in denen Daten in nie dagewesenem Umfang generiert werden, ist es für Unternehmen unerlässlich, diese Informationen effizient zu nutzen. Automatisierte Systeme ermöglichen es, große Datenmengen in Echtzeit zu verarbeiten und relevante Erkenntnisse zu gewinnen, die für strategische Entscheidungen von großer Bedeutung sind. Durch den Einsatz von KI-Technologien, wie beispielsweise Co-Pilot oder ChatGPT, können Unternehmen nicht nur Zeit und Ressourcen sparen, sondern auch die Qualität und Genauigkeit ihrer Analysen erheblich steigern.

Die Implementierung automatisierter Berichterstattungssysteme erfordert zunächst eine sorgfältige Planung und Anpassung an die spezifischen Bedürfnisse des Unternehmens. Es ist wichtig, die relevanten Datenquellen zu identifizieren und sicherzustellen, dass diese Daten in einem strukturierten Format vorliegen. Hierbei spielen IT-Experten eine entscheidende Rolle, da sie die technischen Voraussetzungen schaffen müssen, um eine nahtlose Integration der Daten zu gewährleisten. Zudem sollten klare Zielvorgaben definiert werden, um den Umfang und die Art der Berichte festzulegen, die automatisiert erstellt werden sollen.

Ein weiterer wichtiger Aspekt ist die Auswahl der richtigen Tools und Technologien für die Automatisierung. Verschiedene Softwarelösungen bieten unterschiedliche Funktionen, die auf die Bedürfnisse von Management, Controlling, Vertrieb und Marketing zugeschnitten sind. Die Verwendung von KI-gestützten Analysen ermöglicht es, Muster und Trends in den Daten zu erkennen, die mit manuellen Verfahren möglicherweise übersehen werden. Durch die Integration von ChatGPT oder Co-Pilot in den Analyseprozess können Unternehmen zudem von einer intuitiven Benutzeroberfläche profitieren, die den Zugang zu komplexen Daten erleichtert.

Ein wesentlicher Vorteil der Automatisierung von Berichten und Analysen ist die Steigerung der Effizienz in den Entscheidungsprozessen. Mit automatisierten Reports erhalten Entscheidungsträger zeitnah und präzise Informationen, die als Grundlage für strategische Maßnahmen dienen. Dies führt nicht nur zu schnelleren Reaktionen auf Marktveränderungen, sondern auch zu einer besseren Ressourcennutzung. Die Zeit, die zuvor für die manuelle Erstellung von Berichten aufgewendet wurde, kann nun für wertschöpfende Tätigkeiten genutzt werden, was letztendlich die Wettbewerbsfähigkeit des Unternehmens stärkt.

Abschließend lässt sich festhalten, dass die Automatisierung von Berichten und Analysen ein unverzichtbares Element für modernes Management ist. Unternehmen, die diese Technologien erfolgreich implementieren, profitieren nicht nur von einer höheren Effizienz, sondern auch von einer verbesserten Datenqualität und Entscheidungsfindung. Durch das richtige Prompten und die Nutzung von KI-Tools wie ChatGPT oder Co-Pilot wird es möglich, den gesamten Prozess der Datenanalyse zu revolutionieren und so die Grundlage für nachhaltigen Unternehmenserfolg zu legen.

Fehlererkennung und Problemlösung

Fehlererkennung und Problemlösung sind entscheidende Aspekte eines erfolgreichen Managements, insbesondere in einer Zeit, in der Künstliche Intelligenz (KI) zunehmend in den Geschäftsalltag integriert wird. Die Fähigkeit, Fehler schnell zu identifizieren und effektive Lösungen zu finden, kann den Unterschied zwischen Erfolg und Misserfolg ausmachen. In diesem Kontext spielt die Nutzung von KI-gestützten Tools wie ChatGPT oder Co-Pilot eine wesentliche Rolle, indem sie Führungskräften und Teams dabei helfen, präzise Diagnosen zu erstellen und alternative Ansätze zur Problemlösung zu entwickeln.

Die Fehlererkennung beginnt oft mit der Analyse von Daten. KI kann dabei helfen, Muster und Anomalien in großen Datensätzen zu erkennen, die menschliche Analysten möglicherweise übersehen. Durch die Implementierung von automatisierten Monitoring-Systemen können Unternehmen frühzeitig auf Probleme reagieren. ChatGPT kann in diesem Zusammenhang als interaktives Analyse-Tool fungieren, das durch gezielte Abfragen und Szenarien die Ursachen von Fehlentwicklungen aufdeckt und somit die Entscheidungsfindung unterstützt.

Ein weiterer wichtiger Aspekt der Problemlösung ist die Kreativität. KI-gestützte Systeme wie ChatGPT oder Co-Pilot können innovative Ideen generieren, indem sie verschiedene Ansätze kombinieren und unkonventionelle Perspektiven einbringen. Dies ist besonders wertvoll in Branchen, in denen schnelle Anpassungsfähigkeit und kreative Lösungsansätze gefragt sind. Durch das gezielte Einsetzen von Prompts können Führungskräfte und Mitarbeiter kreative Prozesse anstoßen und die Innovationskraft ihres Unternehmens stärken.

Die Implementierung von KI-gestützten Fehlererkennungs- und Problemlösungsstrategien erfordert jedoch auch eine umfassende Schulung der Mitarbeiter. Ein Verständnis für die Funktionsweise von KI und deren Anwendung in der Praxis ist unerlässlich. Workshops und Schulungen, die sich mit dem richtigen Prompten beschäftigen, ermöglichen es den Teams, das volle Potenzial von ChatGPT auszuschöpfen. Dadurch wird nicht nur die Effizienz gesteigert, sondern auch das Vertrauen in die Technologie gefördert.

Abschließend lässt sich festhalten, dass Fehlererkennung und Problemlösung durch den Einsatz von KI und Tools wie ChatGPT oder Co-Pilot erheblich verbessert werden können. Die Kombination aus Datenanalyse, kreativer Lösungsfindung und gezielter Schulung schafft eine solide Grundlage für eine erfolgreiche Unternehmensführung. In einer dynamischen Geschäftswelt ist es entscheidend, dass Unternehmen bereit sind, sich auf innovative Technologien einzulassen und diese effektiv zu nutzen, um Herausforderungen proaktiv zu begegnen.

Integration von ChatGPT und Co-Pilot in bestehende Systeme

Die Integration von ChatGPT und Co-Pilot in bestehende Systeme bietet Unternehmen die Möglichkeit, ihre Prozesse zu optimieren und die Effizienz zu steigern. Besonders in Bereichen wie Management, IT, Vertrieb und Marketing können diese KI Modelle als unterstützendes Werkzeug fungieren. Die nahtlose Einbindung in bestehende Softwarelösungen, wie CRM-Systeme oder Datenanalysesysteme, ermöglicht es Unternehmen, die Leistungsfähigkeit von KI ohne umfassende Systemänderungen zu nutzen. Dies fördert nicht nur die Akzeptanz innerhalb der Organisation, sondern auch die schnelle Implementierung von KI-Technologien.

Ein entscheidender Schritt bei der Integration ist die Identifikation der relevanten Anwendungsfälle. Unternehmen sollten zunächst analysieren, wo ChatGPT oder Co-Pilot den größten Nutzen stiften können. Dies könnte in der Automatisierung von Kundenanfragen, der Erstellung von Berichten oder der Unterstützung von Vertriebsmitarbeitern bei der Lead-Generierung geschehen. Durch die Fokussierung auf spezifische Prozesse können Unternehmen gezielt Pilotprojekte entwickeln, die als Testfeld für die Integration dienen. Hierbei ist es wichtig, die Bedürfnisse der Endnutzer in den Mittelpunkt zu stellen, um eine hohe Akzeptanz und Benutzerfreundlichkeit zu gewährleisten.

Die technische Umsetzung der Integration erfordert eine sorgfältige Planung und gegebenenfalls die Zusammenarbeit mit IT-Spezialisten. Die API von ChatGPT z.B. bietet eine flexible Schnittstelle, um Anfragen zu stellen und Antworten in bestehende Systeme zu integrieren. Dabei sollten Sicherheitsaspekte und Datenschutzrichtlinien beachtet werden, insbesondere wenn sensible Unternehmensdaten verarbeitet werden. Ein gut durchdachtes Framework für die Integration sorgt dafür, dass die Implementierung reibungslos verläuft und bestehende Systeme nicht unnötig belastet werden.

Nach der Implementierung ist eine kontinuierliche Evaluierung der Ergebnisse unerlässlich. Unternehmen sollten Metriken festlegen, um die Leistung von ChatGPT in den integrierten Prozessen zu messen. Dies kann die Analyse von Antwortzeiten, die Qualität der generierten Inhalte und die Zufriedenheit der Benutzer umfassen. Feedbackschleifen zwischen den Nutzern und den Entwicklern sind entscheidend, um die Anwendung kontinuierlich zu verbessern und an die sich ändernden Bedürfnisse des Unternehmens anzupassen.

Zusammenfassend lässt sich sagen, dass die Integration von ChatGPT oder Co-Pilot in bestehende Systeme ein strategischer Ansatz ist, der Unternehmen in der heutigen digitalen Landschaft einen Wettbewerbsvorteil verschaffen kann. Durch die gezielte Identifikation von Anwendungsfällen, eine sorgfältige technische Umsetzung und die kontinuierliche Evaluierung der Ergebnisse können Unternehmen das Potenzial von KI optimal ausschöpfen. Die richtigen Rahmenbedingungen und eine klare Kommunikation über die Vorteile und Möglichkeiten von ChatGPT sind dabei entscheidend für den Erfolg dieser Integration.

Kapitel 6: Herausforderungen und ethische Aspekte
Datenschutz und Datensicherheit

Die Themen Datenschutz und Datensicherheit sind im Kontext der Nutzung von Künstlicher Intelligenz (KI) und insbesondere von Tools wie ChatGPT oder Co-Pilot von zentraler Bedeutung. Für Unternehmen, die KI-Technologien implementieren, ist es unerlässlich, die gesetzlichen Rahmenbedingungen zu verstehen, die den Umgang mit personenbezogenen Daten regeln. In Deutschland sind die Datenschutz-Grundverordnung (DSGVO) und das Bundesdatenschutzgesetz (BDSG) die maßgeblichen Regelungen, die Unternehmen und Organisationen beachten müssen. Diese Gesetze verlangen von Unternehmen, dass sie transparente Informationen über die Erhebung, Verarbeitung und Speicherung von Daten bereitstellen und die Rechte der betroffenen Personen respektieren.

Ein wesentlicher Aspekt der Datensicherheit ist die Implementierung geeigneter technischer und organisatorischer Maßnahmen, um die Vertraulichkeit, Integrität und Verfügbarkeit von Daten zu gewährleisten. Bei der Nutzung von KI-Tools sollten Unternehmen sicherstellen, dass sie nur die erforderlichen Daten erheben und verarbeiten. Dies bedeutet, dass vor der Nutzung von ChatGPT oder ähnlichen Anwendungen eine sorgfältige Prüfung der notwendigen Daten erfolgen muss.

Unternehmen sollten auch regelmäßig Sicherheitsüberprüfungen und Audits durchführen, um mögliche Schwachstellen in ihren Systemen zu identifizieren und zu beheben.

Darüber hinaus ist es entscheidend, dass Mitarbeitende im Umgang mit KI und Datenschutz geschult werden. Sensibilisierung für die Bedeutung von Datenschutz und Datensicherheit sollte ein fester Bestandteil des Unternehmensumfelds sein. Nur wenn alle Mitarbeitenden die Risiken und Herausforderungen im Umgang mit Daten kennen, können sie auch verantwortungsvoll handeln. Dies umfasst nicht nur die Einhaltung interner Richtlinien, sondern auch das Verständnis für die rechtlichen Konsequenzen, die aus einem Verstoß gegen den Datenschutz entstehen können.

Die Zusammenarbeit mit externen Anbietern von KI-Technologien erfordert ebenfalls besondere Aufmerksamkeit im Hinblick auf Datenschutz und Datensicherheit. Unternehmen sollten sicherstellen, dass Verträge mit Dienstleistern klare Regelungen zur Datenverarbeitung enthalten und dass diese Anbieter ebenfalls die datenschutzrechtlichen Vorgaben einhalten. Eine sorgfältige Auswahl von Anbietern und eine regelmäßige Überprüfung deren Compliance sind essenziell, um das Risiko von Datenschutzverletzungen zu minimieren.

Schließlich spielt die Transparenz eine zentrale Rolle im Datenschutz. Unternehmen sollten ihren Kunden und Nutzern klar kommunizieren, welche Daten gesammelt werden, wie sie verwendet werden und welche Rechte die Betroffenen haben. Eine offene Kommunikation fördert nicht nur das Vertrauen der Kunden in das Unternehmen, sondern kann auch zu einer positiven Wahrnehmung der Marke beitragen. In einer zunehmend datengesteuerten Welt ist es für Unternehmen von entscheidender Bedeutung, Datenschutz und Datensicherheit ernst zu nehmen und als integralen Bestandteil ihrer Geschäftsstrategie zu betrachten.

Bias und Fairness in KI-Anwendungen

Bias und Fairness in KI-Anwendungen sind entscheidende Themen, die in der heutigen Geschäftswelt immer mehr an Bedeutung gewinnen. Bei der Entwicklung und Implementierung von Künstlicher Intelligenz (KI) ist es unerlässlich, die potenziellen Vorurteile zu erkennen, die in den Algorithmen und Datenquellen vorhanden sein können. Diese Vorurteile können nicht nur die Qualität der Entscheidungen beeinträchtigen, sondern auch das Vertrauen der Nutzer in die Technologie untergraben. In einer Zeit, in der Unternehmen zunehmend auf KI-Anwendungen angewiesen sind, um wettbewerbsfähig zu bleiben, müssen Führungskräfte und Manager sicherstellen, dass ihre Systeme fair und gerecht sind.

Ein zentrales Problem bei KI-Anwendungen ist, dass sie oft auf historischen Daten basieren, die bestehende Vorurteile und Diskriminierungen widerspiegeln. Wenn diese Daten nicht sorgfältig geprüft und bereinigt werden, besteht die Gefahr, dass die KI diese Vorurteile verstärkt oder sogar neue schafft. Beispielsweise können Algorithmen, die zur Rekrutierung von Mitarbeitern eingesetzt werden, bestimmte demografische Gruppen benachteiligen, wenn die zugrunde liegenden Daten nicht diversifiziert sind. Es ist daher unerlässlich, dass Unternehmen beim Training ihrer KI-Modelle eine vielfältige und repräsentative Datenbasis verwenden.

Um Bias in KI-Anwendungen zu minimieren, sollten Unternehmen verschiedene Strategien implementieren. Zunächst ist es wichtig, ein interdisziplinäres Team zu bilden, das Experten aus den Bereichen Datenwissenschaft, Ethik und diverse Fachrichtungen umfasst. Dieses Team kann eine kritische Bewertung der Daten und Algorithmen vornehmen, um mögliche Vorurteile zu identifizieren. Darüber hinaus sollten Unternehmen regelmäßige Audits ihrer KI-Systeme durchführen, um sicherzustellen, dass sie weiterhin fair und transparent arbeiten.

Ein weiterer wichtiger Aspekt ist die Schulung der Mitarbeiter im Umgang mit KI-Systemen. Führungskräfte und Mitarbeiter müssen die potenziellen Risiken und Herausforderungen im Zusammenhang mit Bias verstehen. Durch gezielte Schulungsmaßnahmen können Unternehmen das Bewusstsein für Fairness und Ethik in der KI-Nutzung schärfen und eine Kultur der Verantwortung fördern. Dies ist besonders relevant in Bereichen wie Vertrieb und Marketing, wo KI-gestützte Entscheidungen direkte Auswirkungen auf Kunden und Stakeholder haben können.

Schließlich sollte die Verantwortung für die Fairness von KI-Anwendungen nicht nur auf die technischen Teams beschränkt sein.

Die Geschäftsführung und das obere Management müssen sich aktiv mit den ethischen Implikationen der KI-Nutzung auseinandersetzen und sicherstellen, dass Fairness und Inklusion in der Unternehmensstrategie verankert sind. Dies fördert nicht nur ein positives Unternehmensimage, sondern trägt auch zur langfristigen Stabilität und zum Erfolg des Unternehmens bei. Indem Unternehmen Bias und Fairness in ihren KI-Anwendungen proaktiv angehen, können sie das volle Potenzial dieser Technologien ausschöpfen und gleichzeitig soziale Verantwortung übernehmen.

Verantwortungsbewusster Umgang mit KI

Der verantwortungsbewusste Umgang mit Künstlicher Intelligenz (KI) ist für Führungskräfte und Fachleute in den Bereichen Management, IT, Vertrieb, Controlling und Marketing von zentraler Bedeutung. Angesichts der rasanten Fortschritte in der KI-Technologie müssen Unternehmen sicherstellen, dass sie diese Tools nicht nur effektiv, sondern auch ethisch und verantwortungsvoll nutzen. Es ist entscheidend, dass alle Beteiligten die Auswirkungen der KI auf ihre Entscheidungsprozesse verstehen und die damit verbundenen Risiken und Chancen abwägen. Ein verantwortungsbewusster Umgang fördert nicht nur das Vertrauen innerhalb des Unternehmens, sondern auch das Vertrauen der Kunden und der Öffentlichkeit.

Ein wesentlicher Aspekt des verantwortungsbewussten Umgangs mit KI ist die Transparenz. Unternehmen müssen klar kommunizieren, wie und warum sie KI-gestützte Systeme einsetzen. Dies betrifft sowohl die internen Abläufe als auch die Interaktionen mit externen Stakeholdern. Indem die Hintergründe der KI-Nutzung offengelegt werden, können Bedenken hinsichtlich Datenschutz und algorithmischer Voreingenommenheit adressiert werden. Transparenz schafft ein Umfeld, in dem Mitarbeiter und Kunden sich sicher fühlen, was zu einer höheren Akzeptanz von KI-Technologien führt.

Ein weiterer wichtiger Punkt ist die Schulung und Weiterbildung der Mitarbeiter. Um KI verantwortungsbewusst zu nutzen, müssen Fachkräfte über das nötige Wissen und die Fähigkeiten verfügen, um diese Technologien effektiv zu steuern. Dies umfasst nicht nur technisches Wissen über die Funktionsweise von KI, sondern auch ein Verständnis für die ethischen Implikationen und die Auswirkungen auf die Gesellschaft. Unternehmen sollten in regelmäßige Schulungsprogramme investieren, um sicherzustellen, dass ihre Mitarbeiter nicht nur die Technologie nutzen, sondern sie auch kritisch hinterfragen können.

Zusätzlich spielt die Datenethik eine entscheidende Rolle. Künstliche Intelligenz basiert auf Daten, und die Art und Weise, wie diese Daten gesammelt, verarbeitet und genutzt werden, hat erhebliche Auswirkungen auf die Gesellschaft. Unternehmen müssen sicherstellen, dass sie Daten verantwortungsbewusst und im Einklang mit den gesetzlichen Vorgaben verwenden. Dabei ist es wichtig, die Privatsphäre der Benutzer zu respektieren und sicherzustellen, dass die gesammelten Daten nicht zu Diskriminierung oder Ungerechtigkeit führen. Ein verantwortungsvoller Umgang mit Daten trägt dazu bei, das Vertrauen der Kunden zu stärken und rechtliche Risiken zu minimieren.

Abschließend lässt sich sagen, dass der verantwortungsbewusste Umgang mit KI nicht nur eine ethische Verpflichtung ist, sondern auch eine strategische Notwendigkeit. Unternehmen, die in der Lage sind, KI-Technologien effektiv und verantwortungsvoll einzusetzen, werden Wettbewerbsvorteile erzielen und langfristigen Erfolg sichern. Indem sie Transparenz fördern, Mitarbeiter schulen und die ethischen Aspekte der Datennutzung berücksichtigen, können Unternehmen eine positive Beziehung zu ihrer Technologie aufbauen und gleichzeitig die Erwartungen ihrer Kunden und der Gesellschaft erfüllen.

Kapitel 7: Zukünftige Entwicklungen und Trends
Die Evolution von KI im Management

Die Evolution von Künstlicher Intelligenz (KI) im Management hat in den letzten Jahren rasant an Bedeutung gewonnen. Während die ersten Anwendungen von KI in einfachen Automatisierungsprozessen zu finden waren, hat sich die Technologie weiterentwickelt und bietet heute komplexe Lösungen, die nahezu alle Aspekte des Managements beeinflussen. Die Integration von KI in Bereiche wie Vertrieb, Marketing und Controlling ermöglicht es Unternehmen, effizientere Entscheidungen zu treffen und ihre Strategien datenbasiert zu optimieren. Dies hat nicht nur die Effizienz gesteigert, sondern auch die Art und Weise verändert, wie Führungskräfte ihre Teams und Projekte steuern.

Durch die Nutzung von Predictive Analytics können Unternehmen Trends frühzeitig erkennen und proaktiv Maßnahmen ergreifen, was zu einem Wettbewerbsvorteil führen kann. Diese datengetriebenen Ansätze fördern nicht nur die Effizienz, sondern auch die Innovationskraft in Unternehmen.

Ein weiterer bedeutender Trend in der Evolution von KI im Management ist die Nutzung von Chatbots und virtuellen Assistenten. Diese Technologien verändern die Interaktion mit Kunden und internen Stakeholdern grundlegend. Im Vertrieb können Chatbots rund um die Uhr Kundenanfragen bearbeiten, wodurch die Kundenzufriedenheit steigt und die Vertriebsmitarbeiter entlastet werden. Im Controlling und in der Geschäftsführung ermöglichen KI-gestützte Assistenzsysteme eine schnelle Datenanalytik und die Automatisierung von Routineaufgaben, was wertvolle Zeit für strategische Überlegungen schafft.

Die Implementierung von KI im Management bringt jedoch auch Herausforderungen mit sich. Unternehmen müssen sicherstellen, dass ihre Mitarbeiter entsprechend geschult werden, um die neuen Technologien effektiv nutzen zu können. Darüber hinaus ist es entscheidend, ethische und datenschutzrechtliche Aspekte zu berücksichtigen.

Die Nutzung von KI sollte stets transparent und verantwortungsbewusst erfolgen, um das Vertrauen der Mitarbeiter und Kunden zu gewinnen. Ein bewusster Umgang mit den Möglichkeiten und Grenzen von KI ist unerlässlich, um deren volles Potenzial auszuschöpfen.

Abschließend lässt sich festhalten, dass die Evolution von KI im Management nicht nur technologische Fortschritte mit sich bringt, sondern auch einen fundamentalen Wandel in der Denkweise und Vorgehensweise von Führungskräften erfordert. Die Fähigkeit, KI effektiv zu nutzen und richtig zu prompten, wird zu einer entscheidenden Kompetenz in der modernen Geschäftswelt. Durch die gezielte Anwendung von KI können Unternehmen nicht nur ihre Effizienz steigern, sondern auch innovative Lösungen entwickeln, die sie auf dem Markt hervorheben.

Ausblick auf neue Technologien

Die rasante Entwicklung neuer Technologien hat das Potenzial, das Management und die Unternehmensführung grundlegend zu verändern. Insbesondere die Integration von Künstlicher Intelligenz (KI) in verschiedene Geschäftsbereiche wird zunehmend als Schlüssel zu Effizienz und Wettbewerbsfähigkeit erkannt. In diesem Kontext ist es entscheidend, einen Ausblick auf die Technologien zu werfen, die in den kommenden Jahren eine zentrale Rolle spielen könnten. Dazu gehören fortschrittliche Algorithmen, maschinelles Lernen und automatisierte Systeme, die darauf abzielen, Entscheidungsprozesse zu optimieren und personalisierte Kundenansprachen zu ermöglichen.

Ein wichtiger Aspekt neuer Technologien ist die Fähigkeit von KI-Systemen, große Datenmengen in Echtzeit zu analysieren. Dies eröffnet Unternehmen die Möglichkeit, fundierte Entscheidungen schneller zu treffen und Markttrends frühzeitig zu erkennen. Im Vertrieb und Marketing können Unternehmen durch den Einsatz von Predictive Analytics gezielt auf Kundenbedürfnisse eingehen und ihre Angebote entsprechend anpassen. Solche Technologien ermöglichen es, die Customer Journey zu individualisieren und somit die Kundenzufriedenheit erheblich zu steigern.

Darüber hinaus ist die Entwicklung von Chatbots und virtuellen Assistenten ein weiterer Bereich, der für das Management von Bedeutung ist. Diese Systeme können Routineanfragen automatisieren und so die Effizienz in den Bereichen Kundenservice und Vertrieb erhöhen. Durch den Einsatz von KI-gestützten Tools können Mitarbeiter von repetitiven Aufgaben entlastet werden, was es ihnen ermöglicht, sich auf strategische Herausforderungen zu konzentrieren. Dies ist besonders wichtig in dynamischen Märkten, wo Flexibilität und schnelle Reaktionsfähigkeit entscheidend sind.

Ein weiterer vielversprechender Trend ist die Integration von KI in die Produktentwicklung und Innovationsprozesse. Unternehmen können KI nutzen, um Marktforschung zu betreiben, Ideen zu generieren und Prototypen zu testen. Diese Technologien fördern nicht nur die Kreativität, sondern beschleunigen auch den Innovationszyklus erheblich. So können Unternehmen schneller auf Veränderungen im Markt reagieren und ihre Produkte an die Bedürfnisse der Verbraucher anpassen.

Abschließend lässt sich festhalten, dass der Ausblick auf neue Technologien im Bereich Künstlicher Intelligenz zahlreiche Möglichkeiten für das Management bietet.

Die gezielte Nutzung dieser Technologien erfordert jedoch ein Umdenken in den traditionellen Geschäftsmodellen. Unternehmen müssen bereit sein, in Weiterbildung und Schulung ihrer Mitarbeiter zu investieren, um die Potenziale der KI voll ausschöpfen zu können. Nur so wird es ihnen gelingen, sich in einem zunehmend digitalen und technologiegetriebenen Umfeld erfolgreich zu positionieren.

Die Rolle des Menschen in einer KI-gesteuerten Zukunft

Die Rolle des Menschen in einer KI-gesteuerten Zukunft wird zunehmend komplexer und vielschichtiger. In vielen Bereichen, wie zum Beispiel im Management, der IT, dem Vertrieb und Marketing, wird der Mensch nicht mehr als alleiniger Entscheidungsträger wahrgenommen. Stattdessen wird er zum Kooperationspartner der Künstlichen Intelligenz, die Daten analysiert, Muster erkennt und Vorschläge unterbreitet. Diese Symbiose zwischen Mensch und Maschine eröffnet neue Perspektiven, die das Potenzial haben, Arbeitsprozesse zu optimieren und Entscheidungsfindungen zu verbessern.

Ein zentraler Aspekt dieser zukünftigen Rolle des Menschen ist die Notwendigkeit, sich kontinuierlich weiterzubilden und an die sich verändernden Technologien anzupassen. Führungskräfte müssen ein tiefes Verständnis für die Funktionsweise von KI entwickeln, um deren Potenziale optimal zu nutzen. Dies erfordert nicht nur technisches Wissen, sondern auch die Fähigkeit, kritisches Denken und Kreativität in die Nutzung von KI-Tools einzubringen. Die Schulung und Entwicklung von Mitarbeitern wird somit zu einer entscheidenden Aufgabe für Unternehmen, um nicht nur wettbewerbsfähig zu bleiben, sondern auch die Innovationskraft zu steigern.

Gleichzeitig wird der menschliche Faktor in der Kundeninteraktion und im Vertrieb unverzichtbar bleiben. Während KI in der Lage ist, große Datenmengen zu verarbeiten und personalisierte Empfehlungen auszusprechen, sind zwischenmenschliche Fähigkeiten, Empathie und emotionale Intelligenz nach wie vor entscheidend für den Aufbau von Beziehungen zu Kunden. Menschen können die Nuancen erkennen, die Maschinen oft übersehen, und somit ein höheres Maß an Vertrauen und Loyalität schaffen. Die Verbindung von KI-gestützten Analysen mit menschlichen Fähigkeiten wird die Grundlage für erfolgreiche Verkaufsstrategien sein.

In der Finanz- und Controlling-Abteilung wird der Mensch ebenfalls eine zentrale Rolle spielen. KI kann zwar bei der Datenanalyse und Prognosemodellen unterstützen, jedoch bleibt die Interpretation dieser Daten eine menschliche Aufgabe. Führungskräfte müssen in der Lage sein, die von KI bereitgestellten Informationen kritisch zu hinterfragen und strategische Entscheidungen zu treffen, die über reine Zahlen hinausgehen. Der Mensch bringt das notwendige Urteilsvermögen und die ethischen Überlegungen mit, die für langfristigen Unternehmenserfolg unerlässlich sind.

Zusammenfassend lässt sich sagen, dass die Rolle des Menschen in einer KI-gesteuerten Zukunft nicht obsolet wird, sondern sich transformiert. Die Herausforderungen und Chancen, die sich aus dieser Veränderung ergeben, erfordern eine neue Denkweise und eine enge Zusammenarbeit zwischen Mensch und Maschine. Unternehmen, die in die Weiterbildung ihrer Mitarbeiter investieren und eine Kultur der Zusammenarbeit fördern, werden in der Lage sein, die Vorteile von KI effektiv zu nutzen und gleichzeitig die menschlichen Qualitäten zu bewahren, die für den Geschäftserfolg entscheidend sind.

Kapitel 8: Fazit und Handlungsempfehlungen
Zusammenfassung der wichtigsten Erkenntnisse

In diesem Kapitel werden die wichtigsten Erkenntnisse zusammengefasst, die im Verlauf des Buches über den erfolgreichen Einsatz von Künstlicher Intelligenz (KI) im Management vermittelt wurden. Die Nutzung von KI-Technologien, insbesondere in Form von ChatGPT, Co-Pilot und Co, ermöglicht es Führungskräften und Mitarbeitern in verschiedenen Bereichen, ihre Effizienz und Effektivität erheblich zu steigern. Die Integration von KI in den Arbeitsalltag ist nicht nur eine technologische Herausforderung, sondern auch eine strategische Notwendigkeit, um im wettbewerbsintensiven Markt bestehen zu können.

Ein zentraler Bestandteil der Erkenntnisse ist die Bedeutung des richtigen Promptens. Die Art und Weise, wie Anfragen an KI-Modelle formuliert werden, hat einen maßgeblichen Einfluss auf die Qualität der generierten Antworten. Die Entwicklung präziser und durchdachter Prompts erfordert sowohl technisches Verständnis als auch kreatives Denken. Die in diesem Buch dargestellten praktischen Beispiele und Leitfäden bieten eine solide Grundlage, um diese Fähigkeit zu schulen und zu verbessern. Dies ist besonders relevant für Bereiche wie Vertrieb und Marketing, wo zielgerichtete Kommunikation entscheidend ist.

Zudem wurde herausgestellt, dass der Einsatz von KI nicht nur zeitliche Ressourcen freisetzen kann, sondern auch zu einer verbesserten Entscheidungsfindung beiträgt. Durch die Analyse großer Datenmengen und die Bereitstellung von datenbasierten Insights ermöglichen Tools wie ChatGPT und Co-Pilot Managern, informierte Entscheidungen zu treffen, die auf aktuellen Markttrends und Kundenbedürfnissen basieren. In Controller- und Geschäftsführungspositionen ist dies besonders wertvoll, da es hilft, strategische Ziele effektiver zu verfolgen und Risiken proaktiv zu managen.

Ein weiterer wichtiger Aspekt, der in diesem Buch behandelt wurde, ist die Notwendigkeit der kontinuierlichen Weiterbildung. Die Technologie entwickelt sich rasant weiter, und um mit den neuesten Entwicklungen Schritt zu halten, müssen Führungskräfte und Mitarbeiter bereit sein, ihre Kenntnisse regelmäßig zu aktualisieren. Workshops, Schulungen und der Austausch innerhalb der Organisation sind entscheidend, um das volle Potenzial von KI ausschöpfen zu können. Das Buch bietet hierzu zahlreiche Ressourcen und Anregungen, um diesen Prozess zu unterstützen.

Abschließend lässt sich festhalten, dass die erfolgreiche Implementierung von KI im Management eine Kombination aus strategischem Denken, technischer Kompetenz und kreativem Ansatz erfordert.

Die Erkenntnisse aus diesem Buch bieten einen wertvollen Leitfaden für Führungskräfte in den Bereichen IT, Sales, Controlling und Marketing. Indem die Leser die vorgestellten Methoden und Ansätze in ihre tägliche Praxis integrieren, können sie nicht nur die Effizienz ihrer Arbeit steigern, sondern auch einen signifikanten Beitrag zur Zukunftsfähigkeit ihrer Organisation leisten.

Praktische Tipps für die Implementierung von KI

Die Implementierung von Künstlicher Intelligenz (KI) in Unternehmen erfordert eine strategische Herangehensweise, um den maximalen Nutzen zu erzielen. Zunächst sollten Unternehmen eine klare Zieldefinition formulieren. Es ist entscheidend, dass die Verantwortlichen verstehen, welche spezifischen Probleme durch den Einsatz von KI gelöst werden sollen. Dies kann die Verbesserung von Geschäftsprozessen, die Steigerung der Effizienz oder die Erhöhung der Kundenzufriedenheit umfassen. Eine präzise Zielsetzung ermöglicht es, geeignete KI-Tools auszuwählen und die Implementierung zielgerichtet zu steuern.

Ein weiterer wichtiger Aspekt ist die Schulung der Mitarbeiter. Um die Vorteile von KI voll ausschöpfen zu können, ist es notwendig, dass das Team über die nötigen Kenntnisse und Fähigkeiten verfügt. Dies umfasst sowohl technisches Wissen als auch ein Verständnis für die Funktionsweise von KI-Systemen. Workshops, Schulungen und regelmäßige Informationsveranstaltungen können dazu beitragen, das Bewusstsein für KI zu schärfen und den Mitarbeitern die Angst vor neuen Technologien zu nehmen. Eine gut informierte Belegschaft kann aktiv zur erfolgreichen Integration von KI beitragen.

Die Auswahl der richtigen KI-Tools ist von entscheidender Bedeutung. Unternehmen sollten sich die Zeit nehmen, verschiedene Lösungen zu evaluieren und deren Vor- und Nachteile abzuwägen. Hierbei können Fachleute aus den Bereichen IT und Controlling hilfreich sein, um sicherzustellen, dass die gewählte Technologie sowohl leistungsfähig als auch mit den bestehenden Systemen kompatibel ist. Darüber hinaus sollten Unternehmen auch darauf achten, dass die KI-Lösungen skalierbar sind, sodass sie mit dem Wachstum des Unternehmens Schritt halten können.

Ein weiterer praktischer Tipp ist die schrittweise Einführung von KI-Anwendungen. Anstatt sofort umfassende Veränderungen vorzunehmen, empfiehlt es sich, mit Pilotprojekten zu beginnen. Diese ermöglichen es, die Technologie in einem kontrollierten Rahmen zu testen und erste Erfahrungen zu sammeln. Die Ergebnisse dieser Tests können dann genutzt werden, um Anpassungen vorzunehmen und die Implementierung schrittweise zu erweitern. Diese iterative Vorgehensweise minimiert Risiken und erhöht die Wahrscheinlichkeit eines erfolgreichen Rollouts.

Abschließend ist es wichtig, kontinuierlich Feedback zu sammeln und die Implementierung von KI regelmäßig zu evaluieren.

Die Technologie entwickelt sich rasant weiter, und es ist entscheidend, dass Unternehmen flexibel bleiben und ihre Strategien anpassen. Durch regelmäßige Überprüfungen können Unternehmen sicherstellen, dass sie die gewünschten Ergebnisse erzielen und gleichzeitig neue Möglichkeiten zur Optimierung der KI-Nutzung identifizieren. Ein dynamischer Ansatz wird dazu beitragen, dass KI nicht nur ein einmaliges Projekt bleibt, sondern ein integraler Bestandteil der Unternehmensstrategie wird.

Ausblick auf die nächsten Schritte im Management mit KI

Im Rahmen der fortschreitenden Integration von Künstlicher Intelligenz (KI) in das Management wird es entscheidend, die nächsten Schritte sorgfältig zu planen. Die Anwendung von KI-Technologien ermöglicht eine tiefere Einsicht in Datenanalysen und Entscheidungsfindungsprozesse. Für Führungskräfte und Entscheidungsträger in den Bereichen Management, IT, Vertrieb und Marketing ist es unerlässlich, die richtigen Strategien zu entwickeln, um das Potenzial von KI voll auszuschöpfen. Ein klarer Ausblick auf die nächsten Schritte kann helfen, die Implementierung von KI zu optimieren und gleichzeitig die Akzeptanz im Unternehmen zu fördern.

Ein erster Schritt besteht darin, die spezifischen Anwendungsfälle für KI innerhalb des Unternehmens zu identifizieren. Hierbei sollten verschiedene Abteilungen, wie Vertrieb und Controlling, in den Prozess einbezogen werden, um ein umfassendes Bild der Möglichkeiten zu erhalten. Die Analyse von Geschäftsprozessen und die Identifizierung von Engpässen, die durch KI adressiert werden können, sind entscheidend. Diese Vorgehensweise ermöglicht es, maßgeschneiderte Lösungen zu entwickeln, die den Bedürfnissen des Unternehmens entsprechen und gleichzeitig die Effizienz steigern.

Darüber hinaus ist es wichtig, die Mitarbeiter auf die Veränderungen vorzubereiten, die die Einführung von KI mit sich bringt. Schulungen und Workshops, die sich auf die Nutzung von KI-Tools konzentrieren, sollten durchgeführt werden, um das notwendige Know-how zu fördern. Besonders im Bereich des richtigen Promptens, also der effektiven Kommunikation mit KI-Systemen wie ChatGPT, ist es wichtig, dass Mitarbeiter die erforderlichen Fähigkeiten entwickeln, um die Technologie optimal zu nutzen. Ein gut geschulter Mitarbeiter kann nicht nur die Produktivität steigern, sondern auch innovative Ideen generieren, die dem Unternehmen einen Wettbewerbsvorteil verschaffen.

Ein weiterer wesentlicher Schritt ist die kontinuierliche Überwachung und Anpassung der KI-Anwendungen. Der technologische Fortschritt in der KI-Branche ist rasant, und Unternehmen müssen flexibel genug sein, um sich an neue Entwicklungen anzupassen. Regelmäßige Evaluierungen der KI-gestützten Prozesse helfen, die Effektivität zu messen und notwendige Anpassungen vorzunehmen. Dies sollte auch das Feedback der Mitarbeiter einbeziehen, um sicherzustellen, dass die Systeme benutzerfreundlich sind und den tatsächlichen Bedürfnissen des Unternehmens entsprechen.

Abschließend ist es entscheidend, eine Kultur der Innovation und Offenheit für neue Technologien zu fördern. Die Einführung von KI im Management sollte nicht als einmaliges Projekt betrachtet werden, sondern als kontinuierlicher Prozess, der ständige Anpassungen und Lernbereitschaft erfordert. Indem Unternehmen sich auf die nächsten Schritte vorbereiten und eine proaktive Haltung einnehmen, können sie die Vorteile von KI langfristig nutzen und sich in einem wettbewerbsintensiven Umfeld behaupten.

Kapitel 9: Standard Prompts für ChatGPT & Co.

Erstellung eines Leitbilds

ChatGPT und Co können Sie hervorragend bei der **Erstellung eines Leitbildes** unterstützen, indem es Ihnen persönliche Befehle und Vorschläge gibt, die Ihnen helfen, ein klares und prägnantes Statement zu erstellen. Egal, ob Sie die Grundwerte Ihrer Organisation definieren oder Ihre Ziele klären müssen, ChatGPT und Co. können Sie durch den Prozess führen und helfen, Ihre Ziele kraftvoll und wirkungsvoll zu formulieren.

Im Folgenden finden Sie Prompting Beispiele für Ihr Unternehmen:

"Können Sie ein Leitbild für mein [UNTERNEHMEN/ORGANISATION/NICHT-PROFIT] entwerfen, das unser Engagement für [ZIEL EINFÜGEN] wirksam kommuniziert und gleichzeitig unsere Werte [WERTE EINFÜGEN] und [WERTE EINFÜGEN] widerspiegelt? Unsere ideale Aussage wäre [LÄNGE ODER TONE EINFÜGEN]."

"Wir sind ein [BRANCHE EINFÜGEN] [UNTERNEHMEN/STARTUP] und suchen nach einem Leitbild, das bei unserer [ZIELGRUPPE EINFÜGEN] Anklang findet. Kannst du uns dabei helfen, ein Statement zu erstellen, das unser [EINZIGARTIGES VERKAUFSPUNKT] genau wiedergibt und unser Engagement für [ZIEL EINFÜGEN], [ZIEL EINFÜGEN] und [ZIEL EINFÜGEN] widerspiegelt?"

"Wir sind eine [ZWECK EINFÜGEN] [SCHULE/VEREIN/TEAM] und suchen ein Leitbild, das unsere Leidenschaft für [WERTE EINFÜGEN] und unser Engagement für [ZIELE EINFÜGEN] zum Ausdruck bringt. Kannst du uns dabei helfen, ein Statement zu verfassen, das [LÄNGE ODER TÖNUNG EINFÜGEN] ist und unser [EINZIGARTIGES SELLING POINT] vermittelt?

"Wir sind ein kleines Startup, das mit einem [EINZIGARTIGES VERKAUFSPROSPEKT] die [INDUSTRIE] aufmischen will. Kannst du mir helfen, ein Statement zu verfassen, das unsere [ANZAHL] Alleinstellungsmerkmale hervorhebt und uns von unseren Konkurrenten auf dem Markt [GEOGRAPHISCHE REGION] abhebt?"

"Als [POSITION] von [UNTERNEHMEN/ORGANISATION] habe ich die Aufgabe, ein Leitbild zu entwickeln, das unsere Marke und unsere [ZAHL] Kernwerte widerspiegelt. Kannst du mir eine Vorlage oder eine Struktur für ein Leitbild geben, das gut strukturiert ist und in der Branche [INDUSTRIE] Wirkung zeigt?".

Legen Sie den Zweck Ihrer Organisation fest: Das Leitbild sollte den Zweck der Organisation und das, was Sie zu erreichen hoffen, klar zum Ausdruck bringen. Warum wurde Ihr Unternehmen oder Ihre Organisation gegründet und was sind Ihre Ziele?

Konzentrieren Sie sich auf Ihr einzigartiges Wertversprechen: Ihr Leitbild sollte hervorheben, was Ihr Unternehmen von anderen in deiner Branche unterscheidet. Betonen Sie Ihre einzigartigen Stärken und was Sie von der Konkurrenz unterscheidet.

Erstellung eines Geschäftsplans

ChatGPT & Co. können ebenfalls bei der Erstellung eines **Geschäftsplans** helfen, indem es bei der Marktanalyse, den Finanzprognosen und der strategischen Planung unterstützt. Mit einer umfangreichen Wissensbasis kann die KI Ideen entwickeln, Branchenvergleiche vorschlagen und Best Practices empfehlen. Durch die Beantwortung spezifischer Fragen, die Bereitstellung von Kontext und die Verfeinerung von Suchparametern kann die KI den Nutzern helfen, einen umfassenden und effektiven Geschäftsplan zu entwickeln.

"Bitte erstellen Sie einen umfassenden Geschäftsplan für mein [UNTERNEHMENSART] unter Berücksichtigung von [SPEZIFISCHE MARKTTRENDEN] und [POTENTIELLE HERAUSFORDERUNGEN/RISIKEN]. Der Plan sollte detaillierte [MARKETINGSTRATEGIEN], [FINANZPROJEKTE] und einen Überblick über [UNTERNEHMENSKULTUR/MANAGEMENTSTRUKTUR] enthalten."

"Kannst du einen Businessplan für meine [Branche] erstellen, in dem du unsere [MISSION STATEMENT], [CORE VALUES] und [SWOT ANALYSE] darstellst? Außerdem möchte ich, dass du [ZIELMARKTANALYSE], [UMSATZPROGNOSE] und einen Überblick über [MANAGEMENTTEAM/ORGANISATIONSSTRUKTUR] einfügst."

"Erstellen Sie einen professionellen Businessplan für meine [ZIELGRUPPE], in dem Sie unser [EINZIGARTIGES VERKAUFSPROSPEKT], unsere [MARKENSTIMME] und unsere [KUNDENAKQUISITIONSSTRATEGIEN] darlegen. Bitte füge auch eine [WETTBEWERBSANALYSE], [FINANZPROJEKTE] und einen Überblick über [UNTERNEHMENSKULTUR/TEAMDYNAMIK] bei.

"Können Sie mir einen Überblick über die Wettbewerbslandschaft in [BRANCHE/SEGMENT] geben, einschließlich [TOP-WETTBEWERBER/PRODUKTE], Marktanteile und Wettbewerbsvorteile, um mir bei der Erstellung eines umfassenden Geschäftsplans für [PRODUKT/DIENST] zu helfen?"

"Können Sie Einblicke in [MARKT/INDUSTRIE] Trends für die nächsten [ZEITRAUM] Jahre geben, einschließlich [THEMA/SEGMENT] Analyse, Wachstumsrate und Marktanteil, um meinen Geschäftsplan für [PRODUKT/DIENSTLEISTUNG] zu unterstützen?"

Geben Sie spezifische Informationen und den Kontext an, wenn Sie Fragen stellen. So kann die KI die Bedürfnisse besser verstehen und relevantere Antworten geben.

Zerlegen Sie komplexe Fragen in kleinere, gezieltere Fragen. So kann die KI präzisere und umsetzbare Ratschläge geben.

Nutzen Sie Folgefragen, um Antworten zu klären und neue Wege zu erkunden. So holen Sie das meiste aus der Wissensbasis von ChatGPT und Co. heraus und stellen sicher, dass Sie ein umfassendes Verständnis für die Aufgabe haben

Marktforschungsergebnisse erhalten

ChatGPT & Co. können auch zur **Marktforschung** eingesetzt werden, indem Ideen für Umfragefragen entwickelt werden, Einblicke in Branchentrends und Verbraucherverhalten gewährt werden und Daten analysiert werden, um Muster und Chancen zu erkennen. Ebenso kann die KI bei der Analyse von Wettbewerbern und der Identifizierung potenzieller Zielmärkte durch die Analyse von Social Media- und Suchmaschinendaten helfen. Durch die Nutzung von KI für die Marktforschung können Unternehmen ein tieferes Verständnis für ihre Kunden und Wettbewerber gewinnen, was zu fundierteren Marketingentscheidungen und höherer Rentabilität führt.

"Was sind die [TRENDS/PATTERNS/EMERGING ISSUES usw.] in
[INDUSTRIE/MARKT]? Kannst du einen Einblick in [SPEZIFISCHER
TREND/PATENTIERUNG/UNTERNEHMEN] geben und wie er sich auf
[ZIELMARKT/DEMOGRAFIE/PERSONEN] in Bezug auf [LEISTUNG, z. B.
MARKTANTEIL/UMSATZ/ WACHSTUM usw.] auswirken kann?"

"Welche [MARKETINGKANÄLE/TAKTIKEN/STRATEGIEN] sind am effektivsten, um
[ZIELMARKT/DEMOGRAFIE/PERSONEN usw.] zu
[ERREICHEN/ERZIEHEN/ERHALTEN usw.]? Wie können Unternehmen ihr
[MARKETINGBUDGET/ROI/CAMPAIGN PERFORMANCE etc.]
[OPTIMIEREN/IMPROVIEREN/MAXIMIEREN], indem sie [DIESE
KANÄLE/TAKTIKEN/STRATEGIEN] NUTZEN/ANWENDEN/ERWERBEN?

"Können Sie eine [UMFASSENDE/DETAILLIERTE/INNENANALYSE usw.] Analyse der [SOZIALEN MEDIENPRÄSENZ/MARKETINGSTRATEGIE/MARKENPOSITIONIERUNG] des [MITWETTBEWERBS] durchführen und [POTENTIELLE SCHWÄCHEN/VERBESSERUNGSBEREICHE/KOMPETITIVE VORTEILE] identifizieren? Wie können Unternehmen diese Informationen [NUTZEN/GEWINNEN/VORTEILE], um ihre [WETTBEWERBER/VORTEILE/PERS] zu übertreffen/übertreffen?

"Welche [FAKTOREN/ATTRIBUTE/CHARAKTERISTIKEN] sind für die Verbraucher/innen am wichtigsten, wenn sie auf dem [PRODUKT/DIENST]-Markt [EINE BEWEGUNG MACHEN, z.B. EINE KAUFENTSCHEIDUNG/ EINE AUSWAHL EINES [PRODUKTES/DIENSTES]] treffen? Wie können Unternehmen diese [FACTORS/ATTRIBUTES/CHARACTERISTICS] [LEVERAGE/UTILIZE/INCORPORATE usw.] nutzen, um [SALES/CONVERSION RATES/CUSTOMER RETENTION usw.] zu steigern?

"Kannst du [ANALYSE/IDENTIFIZIEREN/DETERMINIEREN] [POPULÄRE/ENTSTEHENDE/NICHE] [SCHLÜSSELWÖRTER/PHRASEN/SUCHBEZEICHNUNGEN], die [POTENZIELLE KUNDEN/ZUHÖRER] auf dem [PRODUKT/DIENST]-Markt [VERWENDEN/SUCHEN]? Wie können Unternehmen [DIESE SCHLÜSSELWÖRTER/PHRASEN/SUCHBEZEICHNUNGEN] in ihre [SEO/CONTENT MARKETING/PPC usw.]-Strategien [EINBEZIEHEN/OPTIMIEREN/ERHÖHEN], um [SUCHRANKINGS/TRAFFIC/CONVERSIONEN usw.] zu verbessern?"

Stellen Sie Ihre Fragen konkret: Um die nützlichsten Erkenntnisse aus ChatGPT und Co. zu gewinnen, ist es wichtig, spezifische Fragen zu stellen, die auf Ihr Unternehmen und Ihre Branche zugeschnitten sind. So können Sie sicherstellen, dass die Antworten, die Sie erhalten, relevant und umsetzbar sind.

Nutzen Sie Folgefragen, um tiefer zu gehen: Manchmal kann die erste Antwort der KI Ihre Frage nicht vollständig beantworten. In diesen Fällen kann es hilfreich sein, Folgefragen zu stellen, um genauere Informationen zu erhalten.

Nutzen Sie ChatGPT und Co. als Ausgangspunkt: Auch wenn die KI wertvolle Erkenntnisse liefern kann, dürfen Sie nicht vergessen, dass es nur ein Werkzeug in Ihrem Marktforschungs-Toolkit ist. Nutzen Sie also die Informationen, die Sie mit der KI sammeln, als Ausgangspunkt für weitere Untersuchungen und Analysen und überprüfen Sie Ihre Ergebnisse immer mit zusätzlichen Datenquellen.

Der Weg zum Elevator Pitch

ChatGPT und Co. können Ihnen dabei helfen, einen **Elevator Pitch** für Ihr Produkt, Ihre Dienstleistung oder Ihr Unternehmen zu erstellen. Wenn Sie wichtige Informationen wie Ihre Zielgruppe, Ihr Alleinstellungsmerkmal und Ihre Branche angeben, kann die KI Ihnen dabei helfen, eine prägnante und überzeugende Präsentation zu erstellen, die Ihr Wertversprechen effektiv kommuniziert. Mit der umfangreichen Wissensdatenbank der KI und den Funktionen zur Verarbeitung natürlicher Sprache können ChatGPT & Co. mehrere Varianten Ihrer Präsentation erstellen, so dass Sie Ihre Botschaft verfeinern und perfektionieren können.

"Ich lanciere mein [PRODUKT/Dienstleistung/Geschäft usw.] und brauche Hilfe bei der Erstellung eines Elevator Pitch, der die [EINZIGARTIGEN MERKMALE/VORTEILE usw.] hervorhebt. Kannst du mir helfen, indem du [BESTIMMTE SCHLÜSSELWÖRTER/PHRASEN/TON usw.] in die Präsentation einbaust?"

"Erstelle mir einen Elevator Pitch für mein [PRODUKT/Dienstleistung/Geschäft], der sein [EINZIGARTIGES WERTPROPOSITION/Zielpublikum/Schlüsselvorteile usw.] hervorhebt und die Aufmerksamkeit von [POTENTIELLE INVESTOREN/KUNDEN/PARTNERN usw.] auf sich zieht.

"Kannst du einen überzeugenden Elevator Pitch für mein [PRODUKT/DIENSTLEISTUNG/GESCHÄFT] entwickeln, der seinen [WETTBEWERBSVORTEIL/UNIKATIVEN VERKAUFSPUNKT/VORTEILE usw.] auf eine [KREATIVE/ERINNERUNGSFÄHIGE/AUFMERKSAMKEITSSCHAFFENDE usw.] Art und Weise [UNTERSCHIEDET/VERBINDET]?

"Wie kann ich meinen Elevator Pitch in einer [WETTBEWERBSFÄHIGEN/ ÜBERZÄHLTEN] [BRANCHE/MARKT] so gestalten, dass er [ERINNERUNGSFÄHIG/UNIKATIV/IMPAKTIV] ist? Welche [STRATEGIEN/TECHNIKEN/WORDS] sollte ich in Betracht ziehen, um mich von meinen [MITWETTBEWERBERN/PERSONEN usw.] abzuheben?"

"Kannst du mir einige [EINZIGARTIGE VERKAUFSPUNKTE/EIGENSCHAFTEN/ VORTEILE usw.] für mein [PRODUKT/DIENSTLEISTUNG/GESCHÄFT] nennen, die ich in meinen Elevator Pitch einbauen kann? Wie kann ich diese [VERKAUFSPUNKTE/VORTEILE] meiner [ZIELGRUPPE/KUNDEN/INVESTOREN usw.] mit [SCHLÜSSELWÖRTERN/SPRACHEN/TONART] auf eine [FESSELND/EINDRUCKEND/EFFEKTIV usw.] Weise vermitteln?"

Je genauer Sie Ihr Produkt, Ihre Dienstleistung oder Ihr Unternehmen beschreiben, desto besser kann die KI Ihnen helfen, ein effektives Angebot zu erstellen. Erwägen Sie, Details über Ihre Zielgruppe, Ihre Konkurrenten und Ihr Alleinstellungsmerkmal anzugeben. Wenn Sie ein paar Pitches mit der KI erstellt haben, sollten Sie sie sorgfältig prüfen und dieBotschaft verfeinern. Suchen Sie nach Möglichkeiten, Ihr Angebot prägnanter, überzeugender und einprägsamer zu gestalten.

Wettbewerber analysieren

ChatGPT und Co. können ein wertvolles Instrument sein, um Konkurrenten zu recherchieren. Mit seiner umfangreichen Wissensbasis und der Fähigkeit, Antworten in natürlicher Sprache zu generieren, kann die KI Ihnen Einblicke in die Stärken, Schwächen und Strategien Ihrer Konkurrenten geben.

Um die besten Ergebnisse Ihrer Prompts zu erzielen, ist es wichtig, dass Sie konkrete Fragen stellen und so viel Kontext wie möglich liefern.

"WIE kann ich ChatGPT verwenden, um eine Liste meiner [Branche]-bezogenen Konkurrenten und ihrer [PRODUKTE/Dienstleistungen] in [GEOGRAPHISCHER STANDORT] zu erstellen, deren [UMSATZ/Wachstum] größer ist als [ANZAHL]?"

"WIE kann ich die [WEBSITE/SOCIAL MEDIA]-Präsenz und [ENGAGEMENT/METRICS] meiner [TOP/FÜNF] Konkurrenten mit ChatGPT analysieren, um ihre [SCHLÜSSELWORT]-Strategie in [SPEZIFISCHER MARKT/NICHE] zu identifizieren und sie mit meiner eigenen [WEBSITE/SOCIAL MEDIA]-Performance zu vergleichen?"

"WIE kann ChatGPT mir helfen, die [EINZIGARTIGEN VERKAUFSPUNKTE/WERTPROPOSITION] meiner [TOP/FÜNF] Konkurrenten in [SPEZIFISCHE PRODUKT-/DIENSTKATEGORIE] zu identifizieren und wie kann ich diese Informationen nutzen, um [MEINE EIGENEN PRODUKTE/DIENSTLEISTUNGEN/MARKEN] zu VERBESSERN?"

"Welche [MARKETING/PRÄZISIERUNG/VERKAUF]-Strategien kann ChatGPT mir helfen zu erkennen, die meine [TOP/FÜNF] Konkurrenten anwenden, um [KUNDEN/KUNDINNEN] in [GEOGRAPHISCHER STANDORT/SPEZIFISCHER MARKT/NICHE] zu gewinnen und zu binden, und wie kann ich meine eigenen Strategien auf der Grundlage dieser Informationen [VERBESSERN/INNOVIEREN]?"

"WIE kann ich ChatGPT nutzen, um die [STÄRKEN/SchWÄCHEN] meiner [TOP/FÜNF] Konkurrenten in [SPEZIFISCHE PRODUKT/DIENSTKATEGORIE] auf der Grundlage ihrer [ONLINE-BEWERTUNGEN/KUNDENBEWERTUNGEN/PREISSTRATEGIE] zu ermitteln, und wie kann ich diese Erkenntnisse [NUTZEN/VERMEIDEN], um [AUF DEM MARKT VORRANG ZU HALTEN/KUNDENBINDUNG ERHÖHEN]?"

Geben Sie so viel Kontext wie möglich an, wenn Sie Fragen zu Ihren Mitbewerbern stellen. So kann die KI genauere und relevantere Informationen liefern.

Nutzen Sie mehrere Quellen: die KI kann wertvolle Erkenntnisse liefern, aber es ist wichtig, Informationen aus mehreren Quellen zu überprüfen, um die Richtigkeit sicherzustellen.

Bleiben Sie offen für Neues: ChatGPT und Co. können neue Perspektiven und Ideen bieten, deshalb ist es wichtig, dass Sie offen bleibst und alle Informationen berücksichtigen.

Verkaufsstrategie erstellen

ChatGPT kann ein wertvolles Werkzeug bei der Entwicklung einer **Verkaufsstrategie** sein, indem es Ideen generiert und Einblicke liefert, die auf deinen spezifischen Bedürfnissen basieren. Du kannst ChatGPT nutzen, um verschiedene Verkaufstaktiken zu entwickeln, Zielmärkte und Kundensegmente zu identifizieren, das Verhalten und die Trends der Wettbewerber zu analysieren und deine Preisgestaltung und Werbeaktionen zu optimieren. Indem du gezielte Fragen stellst und den Kontext deines Unternehmens darstellst, kann ChatGPT dir helfen, eine maßgeschneiderte Verkaufsstrategie zu entwickeln, die deinen individuellen Bedürfnissen entspricht.

"Welche effektiven Verkaufstaktiken gibt es für [PRODUKT/DIENSTLEISTUNG EINFÜGEN], die sich an [SPEZIFISCHES KUNDENSEGMENT EINFÜGEN] richten und [KUNDENSCHMERZPUNKT EINFÜGEN] ansprechen? Wie können wir den Erfolg dieser Taktiken anhand von [SPEZIFISCHE KENNZAHL EINFÜGEN, z. B. KUNDENAKQUISITIONSKOSTEN, KONVERSIONSRATE ODER KUNDENLEBENSWERT] messen?

"Was sind erfolgreiche Preisstrategien für [INDUSTRIE/NICHE EINFÜGEN], die [SPEZIFISCHEN FAKTOR EINFÜGEN, Z.B. KOSTEN DER LIEFERKETTE, SAISONALE NACHFRAGE ODER KUNDENWERTUNG] berücksichtigen? Wie können wir mit dynamischer Preisgestaltung oder Bündelung den Umsatz und die Gewinnspanne optimieren?"

"Wie kann ich auf der Grundlage von [DATENQUELLE EINFÜGEN] den idealen Zielmarkt für [PRODUKT/DIENSTLEISTUNG EINFÜGEN] identifizieren, der am ehesten [ERWÜNSCHTES ERGEBNIS EINFÜGEN], unter Berücksichtigung von [BESONDERE KRITERIEN WIE DEMOGRAFIE, PSYCHOGRAFIE ODER VERHALTEN EINFÜGEN], erreicht, und wie können wir diese Märkte segmentieren und priorisieren?"

"Können Sie uns Einblicke in das Verhalten der Wettbewerber in [INDUSTRIE/NICHE EINFÜGEN] geben, z. B. in Bezug auf [SPEZIFISCHES VERHALTEN EINFÜGEN, z. B. PREISE, PROMOTIONEN ODER PRODUKTEIGENSCHAFTEN] und wie wir uns davon abheben können? Wie können wir unser einzigartiges Wertversprechen und unser Messaging nutzen, um den Kunden unser Alleinstellungsmerkmal effektiv zu vermitteln?"

"Wie können wir [PRODUKT/DIENSTLEISTUNG EINFÜGEN] unter Berücksichtigung von [SPEZIFISCHE PLATTFORM, BUDGET ODER ZIELGRUPPE EINFÜGEN] effektiv bewerben, um den Absatz zu steigern? Wie können wir A/B-Tests oder Experimente nutzen, um unsere Werbekanäle und Botschaften zu optimieren?"

Ihre Prompts sollten so spezifisch wie möglich Sein. Geben Sie den Kontext Ihres Unternehmens an, einschließlich der Zielgruppe, der Branche und der Konkurrenz, damit ChatGPT und Co. relevantere und individuellere Ideen entwickeln können.

Verwenden Sie offene Fragen, die mehr als ein einfaches "Ja" oder "Nein" erfordern, um Ihre KI dazu zu bringen, detailliertere Einblicke zu geben.

Scheuen Sie sich nicht, Folgefragen zu stellen oder Feedback zu den Antworten von ChatGPT zu geben, um Ihre Verkaufsstrategie weiter zu verfeinern.

Finanzpognosen erstellen

Die Erstellung von **Finanzprognosen** ist eine wichtige Aufgabe für Unternehmen und Start-ups, um ihre zukünftige finanzielle Leistungsfähigkeit zu bestimmen. ChatGPT und Co. können zur Erstellung von Finanzprognosen verwendet werden, indem es relevante historische Daten bereitstellt und zukünftige Trends auf der Grundlage verschiedener Finanzmodelle prognostiziert.

Durch die Eingabe von Daten zu Einnahmen, Ausgaben und anderen Finanzkennzahlen kann die KI bei der Erstellung von Finanzprognosen helfen, die für Budgetierung, Prognosen und Entscheidungsfindung genutzt werden können.

"Wie kann ich eine Finanzprognose für [NUMMER] Jahre für [NAME DES UNTERNEHMENS] erstellen, indem ich [ANZAHL] Jahre historischer Finanzberichte analysiere und eine [ADJEKTIV] Umsatzwachstumsrate von [WACHSTUMSRATE] annehme?"

"Wie lassen sich die Auswirkungen eines [ADJEKTIV] [PROZENT] Anstiegs der [BETRIEBS-/G&A-] Ausgaben auf die Finanzprognosen für [NAME DES UNTERNEHMENS] über die nächsten [ANZAHL] Jahre analysieren?"

"Wie lässt sich der prognostizierte [ADJEKTIV] Cashflow für [NAME DES UNTERNEHMENS] bei einer Erhöhung der Investitionsausgaben um [DOLLARBETRAG] in den nächsten [ANZAHL] Jahren schätzen?"

"Wie kann ich eine Finanzprognose für [NEUES PRODUKT/NEUE DIENSTLEISTUNG] erstellen und seine [ADJEKTIV] Auswirkung auf die finanzielle Gesamtleistung von [NAME DES UNTERNEHMENS] durch Analyse von [ANZAHL] Jahren historischer Finanzdaten bestimmen?"

"Wie ist die Auswirkung einer Änderung des [STEUERSATZES] auf die Finanzprognosen für [NAME DES UNTERNEHMENS] in den nächsten [ANZAHL] Jahren zu bewerten, wenn man von einer [ADJEKTIVEN] Umsatzwachstumsrate von [WACHSTUMSRATE] ausgeht?"

Stellen Sie die Genauigkeit und Vollständigkeit der historischen Finanzdaten sicher, um die Qualität der Prognosen zu verbessern.

Ziehen Sie mehrere Finanzmodelle und Szenarien in Betracht, um mögliche Schwankungen und Unwägbarkeiten in der Zukunft zu berücksichtigen.

Geben Die der KI so viele Informationen wie möglich, einschließlich Markttrends, Branchenbenchmarks und Finanzziele, um genauere und maßgeschneiderte Finanzprognosen zu erstellen.

Identifizierung des Zielmarktes

ChatGPT und Co. können unglaublich hilfreich sein, um den **Zielmarkt** für Ihr Produkt oder Ihre Dienstleistung zu identifizieren. Mit ihrer Fähigkeit, menschenähnliche Antworten zu generieren, kann die KI Ihnen helfen zu verstehen, wer Ihr idealer Kunde ist und was seine Bedürfnisse und Vorlieben sind.

Indem Sie der KI relevante Informationen über Ihr Produkt oder Ihre Dienstleistung zur Verfügung stellen, kann sie Erkenntnisse und Vorschläge generieren, die dir helfen, deinen Zielmarkt zu identifizieren.

"Welche Möglichkeiten gibt es, den [DEMOGRAFISCHEN] Markt für [PRODUKT/DIENST] auf der Grundlage von [VERHALTEN/PSYCHOGRAPHIE] zu segmentieren und was sind die wichtigsten Merkmale jedes Segments?"

"Wie kann ich [PSYCHOGRAPHISCHE/DEMOGRAPHISCHE] Daten nutzen, um Buyer Personas für [PRODUKT/ DIENSTLEISTUNG] zu erstellen, und welche spezifischen Botschaftsstrategien würden bei jeder Persona gut ankommen?

"Können Sie uns Einblicke in die [PSYCHOGRAPHISCHEN/DEMOGRAPHISCHEN] Profile der Kunden meiner Konkurrenten geben und wie kann ich mein [PRODUKT/DIENST] differenzieren, um meine Zielgruppe besser anzusprechen?"

"Welche Trends zeichnen sich in der [INDUSTRIE] ab, die sich wahrscheinlich auf den [DEMOGRAFISCHEN] Markt für [PRODUKT/DIENSTLEISTUNG] auswirken werden, und wie kann ich meine Marketingstrategie anpassen, um der Entwicklung einen Schritt voraus zu sein?"

"Wie kann ich den Erfolg meiner Marketingmaßnahmen für [DEMOGRAPHIE] messen und welche Optimierungsstrategien gibt es, um die Leistung zu verbessern?"

Stellen Sie der KI spezifische Informationen über Ihr Produkt oder Ihre Dienstleistung zur Verfügung, einschließlich einzigartiger Merkmale oder Vorteile, die eine bestimmte Zielgruppe ansprechen könnten.

Stellen Sie offene Fragen, die die KI dazu ermutigen, ausführlichere und aufschlussreiche Antworten zu geben. Nutzen Sie die Erkenntnisse und Vorschläge der KI als Ausgangspunkt für weitere Untersuchungen und Analysen, anstatt sich nur auf die Empfehlungen zu verlassen.

SWOT Analyse

Die SWOT-Analyse ist ein strategisches Planungsinstrument, das Einzelpersonen und Organisationen dabei hilft, ihre Stärken, Schwächen, Chancen und Bedrohungen zu ermitteln. Mit ChatGPT und Co. können Sie eine **SWOT-Analyse** erstellen, indem Sie Befehle und Vorschläge erhalten, die Ihnen helfen, Ihre internen und externen Faktoren zu identifizieren und zu analysieren.

"Können Sie mir Vorschläge zur Verbesserung von [SPEZIFISCHER SCHWACHSTELLENBEREICH] machen, den ich in meiner [UNTERNEHMEN/PERSÖNLICHES] SWOT-Analyse identifiziert habe?"

"Welche Möglichkeiten gibt es, [SPEZIFISCHER STÄRKENBEREICH] in meiner [UNTERNEHMEN/PERSÖNLICHKEITS-] SWOT-Analyse zu nutzen, und wie kann ich ihn für mein Wachstum einsetzen?"

"Was sind auf der Grundlage meiner [UNTERNEHMEN/PERSÖNLICHKEIT] SWOT-Analyse einige potenzielle Herausforderungen, die kurzfristig angegangen werden müssen, und welche Schritte können unternommen werden, um sie zu überwinden?"

"Wie kann [SPEZIFISCHE CHANCEN/GEFAHREN], die ich in meiner [UNTERNEHMEN/PERSÖNLICHEN] SWOT-Analyse identifiziert habe, effektiv gemanagt oder abgemildert werden?"

"Kannst du Beispiele für andere Unternehmen oder Personen nennen, die ähnliche Herausforderungen oder Chancen wie in meiner [UNTERNEHMEN/PERSONAL] SWOT-Analyse erfolgreich angegangen sind?"

Seien Sie konkret: Nennen Sie konkrete Beispiele und Details, wenn Sie die Stärken, Schwächen, Chancen und Gefahren identifizieren. So können Sie eine genauere und detailliertere SWOT-Analyse erstellen.

Berücksichtigen Sie verschiedene Perspektiven: Berücksichtigen Sie bei der Ermittlung interner Faktoren die Perspektiven der verschiedenen Interessengruppen wie Mitarbeiter, Kunden und Lieferanten. Bei den externen Faktoren sollten Sie die Perspektiven der Konkurrenten, der Aufsichtsbehörden und des gesamten Marktes berücksichtigen.

Verwenden Sie eine Vorlage für die SWOT-Analyse: Die Verwendung einer Vorlage kann helfen, den Prozess der SWOT-Analyse zu organisieren und zu rationalisieren. Sie kann auch sicherstellen, dass alle relevanten Faktoren berücksichtigt und gründlich analysiert werden.

Wachstumschancen ermitteln

ChatGPT und Co. können genutzt werden, um **Wachstumschancen** zu identifizieren, indem es auf der Grundlage der bereitgestellten Daten und Informationen Erkenntnisse und Ideen generiert. die KI kann Markttrends, Kundenverhalten, Strategien der Konkurrenz und andere relevante Faktoren analysieren, um potenzielle Wachstumschancen aufzuzeigen. Durch die Verwendung offener Befehle und Fragen kann ChatGPT auch dazu beitragen, verschiedene Perspektiven zu erkunden und verborgene Erkenntnisse aufzudecken, die vielleicht nicht sofort ersichtlich sind.

"Unser [UNTERNEHMEN/UNTERNEHMEN] möchte sein [PRODUKT/DIENSTLEISTUNG]-Angebot in [MÄRKT/SEGMENT/BEREICH] erweitern/verbessern usw. Können Sie unsere [KUNDEN-/Absatz-/Finanzdaten usw.] analysieren und potenzielle Wachstumsmöglichkeiten vorschlagen, die mit unserer [MARKENIDENTITÄT/MISSIONSSTATEMENT/GESCHÄFTSZIELE usw.] übereinstimmen?"

"Als [STARTUP/ENTREPRENEUR/KLEINUNTERNEHMEN] wollen wir unser [PRODUKT/DIENST] skalieren/wachsen/neue Märkte erschließen und uns einen Wettbewerbsvorteil in [INDUSTRIE/NICHE] verschaffen. Wie können wir aufkommende Technologien wie [KI/ML/BLOCKCHAIN/VR etc.] nutzen, um unsere [LANGFRISTIGEN/kURZFRISTIGEN] Wachstumsziele zu erreichen und der Zeit voraus zu sein?"

"Wir wollen unseren [MARKTANTEIL/KUNDENSTAMM/UMSATZ usw.] in [BRANCHE/NICHE] erhöhen, indem wir die Art und Weise, wie wir unser [PRODUKT/UNTERSTÜTZUNG] anbieten, [INNOVATIVIEREN/DISRUPTIEREN/TRANSFORMIEREN]. Was sind die vielversprechendsten [KUNDENBEDÜRFNISSE/BEDARFSPUNKTE/OPPORTUNITÄTEN usw.], die wir mit [PRODUKT/DIENST] innovativ angehen können?

"Wir sind in einem [WETTBEWERBSFÄHIGEN/ABGESCHÄDIGTEN/HERAUSFORDERNDEN usw.] [MARKT/SEGMENT/INDUSTRIE] tätig und müssen uns [UNTERSCHEIDEN/POSITIONIEREN], um [AUSSENSTEHEN/ MEHR KUNDEN ANZIEHEN] zu können. Wie können wir unser [PRODUKT/Dienstleistung] [REBRANDEN/REPOSITIONIEREN usw.] und ein [EINZIGARTIGES/UNVERWECHSELBARES usw.] [WERTPROFESSION/MARKENIDENTITÄT] schaffen, das bei unserer [ZIELGRUPPE/DEALEN KUNDEN] ankommt?"

"Wir erwägen [ERWEITERUNG/DIVERSIFIZIERUNG usw.] unserer [PRODUKTLINIE/DIENSTLEISTUNGSANGEBOTE], um neue [MÄRKTE/SEGMENTE/BEREICHE] zu erschließen. Welche [RISIKEN/HERAUSFORDERUNGEN/ POTENZIELLE NUTZEN usw.] ergeben sich aus der [ERWEITERUNG/DIVERSIFIZIERUNG] des [NEUEN PRODUKTES/DIENSTES] und wie können wir diese Faktoren [MINIMIEREN/MITIGIEREN/MAXIMIEREN], um unsere [WACHSTUM/PROFITABILITÄT usw.]-Ziele zu erreichen?"

Geben Sie spezifische Details und den Kontext Ihres Unternehmens, Ihrer Branche und Ihrer Zielgruppe an, damit ChatGPT und Co. relevantere und umsetzbare Erkenntnisse gewinnen können.

Stellen Sie offene Fragen, die die KI dazu ermutigen, verschiedene Perspektiven zu erkunden und mehrere Faktoren zu berücksichtigen, die sich auf Wachstumschancen auswirken könnten. Nutzen Sie die Antworten von ChatGPT als Ausgangspunkt für weitere Recherchen und Analysen und bestätigen die von der KI generierten Ideen mit externen Quellen und Expertenmeinungen.

Taglines entwerfen

Das Verfassen von **Schlagwörtern** kann eine entmutigende Aufgabe sein, aber ChatGPT und Co. können Ihnen hervorragend dabei helfen, kreative und einprägsame Schlagwörter zu erstellen, die Ihre Marke oder Ihr Unternehmen von anderen abheben.

KI wie Chat-GPT und Co kann Ihnen dabei helfen, Taglines auf der Grundlage der von Ihnen angegebenen Schlüsselwörter oder Phrasen zu erstellen. Mit ihrer umfangreichen Wissensbasis kann die KI einzigartige und innovative Ideen anbieten, an die Sie vielleicht noch nicht gedacht haben, was es zu einem wertvollen Werkzeug für die Erstellung einprägsamer Taglines macht.

"Ich brauche einen Slogan für mein [GESCHÄFT/MARKE/PRODUKT], der die Schlüsselwörter [SCHLÜSSELWORT/PHRASE1] und [SCHLÜSSELWORT/PHRASE2] enthält. Kannst du mir etwas Kreatives und Aufmerksamkeitserregendes vorschlagen?"

"Ich suche einen einprägsamen Slogan, der die Essenz meines [GESCHÄFT/MARKE/PRODUKT] auf den Punkt bringt. Könnten Sie mir [ANZAHL] Optionen zur Auswahl geben?"

"Mein [GESCHÄFT/MARKE/PRODUKT] ist bekannt für [ATTRIBUTE/QUALITÄT], und ich brauche einen Slogan, der das unterstreicht. Kannst du mir ein paar Vorschläge machen, die ich in Betracht ziehen kann?"

"Welche beliebten Slogans gibt es in [BRANCHE/NICHE], die die Begriffe [SCHLÜSSELWORT/PHRASE1] oder [SCHLÜSSELWORT/PHRASE2] enthalten? Ich würde diese gerne als Inspiration für meinen eigenen Slogan verwenden."

"Ich möchte einen Slogan, der mein [GESCHÄFT/MARKE/PRODUKT] von meinen Mitbewerbern abhebt und unser Alleinstellungsmerkmal, den [USP], verdeutlicht. Kannst du mir helfen, ein paar Ideen zu sammeln?

Geben Sie bestimmte Schlüsselwörter oder Phrasen an, die sich auf Ihre Marke oder Ihr Unternehmen beziehen, damit ChatGPT und Co. mehr relevante Tagline-Optionen generieren können.

Experimentieren Sie mit verschiedenen Wortwahlen und Variationen, um herauszufinden, welche Taglines bei Ihrem Publikum am besten ankommen.

Haben Sie keine Angst, kreative Risiken einzugehen und unkonventionelle Optionen zu erkunden - manchmal sind die einprägsamsten Taglines die unerwartetsten.

Brand Identity festlegen

KI kann ein wertvolles Instrument bei der Entwicklung einer **Markenidentität** sein. Als Sprachmodell können sie Ideen und Vorschläge für die Entwicklung einer einzigartigen Markenidentität liefern, die bei der Zielgruppe Anklang findet. Durch die Bereitstellung spezifischer Informationen über die Marke, wie z. B. ihre Werte, Mission und Zielgruppe, kann die KI innovative Ideen für die Entwicklung der Markenidentität liefern. Außerdem kann sie bei der Verfeinerung und Feinabstimmung von Markenelementen wie Logos, Slogans und Markenbotschaften helfen.

"Können Sie uns einige [SPEZIFISCHE UND DETAILLIERTE] Ideen für die Entwicklung einer Markenidentität für [NAME DES UNTERNEHMENS] liefern, die unsere Markenwerte [WERT 1], [WERT 2] und [WERT 3] widerspiegelt und die unsere Zielgruppe [DEMOGRAFIE] anspricht?

"Wie können wir unsere Markenidentität für [ZIELGRUPPE] attraktiver gestalten und dabei unseren Markenwerten [WERT 1], [WERT 2] und [WERT 3] treu bleiben und die aktuellen Trends in [BRANCHE ODER MARKT] berücksichtigen?"

"Welche Schlüsselelemente sind bei der Entwicklung einer visuellen Identität für eine Marke zu berücksichtigen, die auf [DEMOGRAFIE] abzielt, angesichts der aktuellen Designtrends in [BRANCHE ODER MARKT] und der spezifischen Emotionen oder Botschaften, die wir mit unserer Marke vermitteln wollen?"

"Können Sie uns einige mögliche Slogans für eine Marke [PRODUKT/DIENST] vorschlagen, die unser Engagement für [WERT] betonen und uns von unseren Mitbewerbern abheben, während sie gleichzeitig die einzigartigen Merkmale unseres [PRODUKT/DIENST] und die [SPEZIFISCHEN BEDÜRFNISSE ODER WÜNSCHE] unserer Zielgruppe berücksichtigen?"

"Können Sie einige einzigartige und innovative Ideen für eine Markenidentität für ein Unternehmen der [BRANCHE] entwickeln, die unser Engagement für [WERT] und unseren innovativen Ansatz für [PRODUKT/DIENST] widerspiegelt und die unsere Zielgruppe der [DEMOGRAFIE] anspricht, wobei die neuesten technologischen Fortschritte in der [BRANCHE] und die aktuellen Trends in [MARKT ODER BRANCHE] berücksichtigt werden?

Geben Sie spezifische Informationen über Ihre Markenwerte, Ihr Zielpublikum und Ihre Branche an, um relevante und zielgerichtete Ideen von ChatGPT und Co. zu erhalten. Verwenden Sie die Option "Verfeinern" in GPT-3, um die von ChatGPT generierte Sprache zu verfeinern und zu verbessern, damit das Endprodukt noch besser wird.

Nutzen sie die KI als Ausgangspunkt für die Entwicklung Ihrer Markenidentität, aber verlassen Sie sich nicht ausschließlich auf ihre Vorschläge. Nutzen sie Ihre eigene Kreativität und Ihr Urteilsvermögen, um sicherzustellen, dass Ihre Markenidentität Ihre Markenwerte genau widerspiegelt und bei Ihrer Zielgruppe ankommt.

Verkaufsangebote erstellen

ChatGPT und Co. können bei der Erstellung von **Verkaufsangeboten** helfen, indem sie überzeugende und überzeugende Inhalte auf der Grundlage der gegebenen Informationen erstellen. Sie können einen Überblick über das Unternehmen, Produkt- oder Dienstleistungsdetails, Preise und Geschäftsbedingungen sowie einen Aufruf zum Handeln bieten. die KI kann auch sprachliche Vorschläge und Tipps geben, wie das Angebot auf die Zielgruppe zugeschnitten werden kann, damit es effektiver und ansprechender wird.

"Könnten Sie mir dabei helfen, ein Verkaufsangebot für [PRODUKT/DIENST] zu erstellen, das sich an [SPEZIFISCHE KUNDENGRUPPE] richtet und deren spezifische Probleme im Zusammenhang mit [SCHMERZPUNKT] anspricht? Könntest du außerdem Fallstudien oder Statistiken vorschlagen, die dem Angebot mehr Gewicht verleihen könnten?"

"Erstelle ein detailliertes Verkaufsangebot für [PRODUKT/DIENST], das sich an [SPEZIFISCHE DEMOGRAPHIE] richtet und [EINZIGARTIGES VERKAUFSPROSPEKT] hervorhebt, um [ERWÜNSCHTES ERGEBNIS] zu erreichen. Füge Informationen über die Merkmale von [PRODUKT/DIENST], die Preisgestaltung und relevante Statistiken oder Fallstudien hinzu."

"Erstelle ein Verkaufsangebot, das auf die spezifischen Probleme und Sorgen der [ZIELGRUPPE] eingeht, indem du die einzigartigen Vorteile unseres [PRODUKTES/DIENSTES] hervorhebst, z. B. [SCHLÜSSELMerkmal 1], [SCHLÜSSELMerkmal 2] und [SCHLÜSSELMerkmal 3]. Verwende eine überzeugende Sprache, um ein Gefühl der Dringlichkeit zu vermitteln und den Wert unseres [PRODUKTES/DIENSTES] zu demonstrieren."

"Kannst du mir einige [PERSUASIVE/COMPELLING] Formulierungen und [POWER WORDS/PHRASES] vorschlagen, die ich verwenden kann, um mein Verkaufsangebot für [ZIELGRUPPE] effektiver zu gestalten? Könntest du mir außerdem Tipps für den Ton oder Stil geben, der bei [ZIELGRUPPE] am besten ankommen würde?"

"Welche effektiven [FORMATIERUNG/VISUELLEN] Techniken kann ich anwenden, um mein Verkaufsangebot hervorzuheben und für [ZIELGRUPPE] professioneller aussehen zu lassen? Könntest du relevante Grafiken oder Bilder vorschlagen, die die Präsentation von [PRODUKT/DIENST] verbessern würden?"

Definieren Sie den Zweck und die Ziele Ihres Verkaufsangebots klar, um es zielgerichteter und effektiver zu gestalten. Verwenden Sie eine überzeugende Sprache und konzentrieren Sie sich auf die Vorteile, die Ihr Produkt oder Ihre Dienstleistung dem Kunden bietet, und nicht nur auf seine Eigenschaften. Verwenden Sie Bilder, Diagramme und Grafiken, um den Vorschlag ansprechender und für den Leser leichter verständlich zu machen.

Kundenbeziehungen ausbauen

ChatGPT und Co. kann ein wertvolles Instrument für die Entwicklung von Kundenbeziehungen sein. Durch den Einsatz ihrer Funktionen zur Verarbeitung natürlicher Sprache kann es Ihnen helfen, personalisierte und ansprechende Inhalte zu erstellen, die bei Ihren Kunden ankommen. Außerdem kann es dabei helfen, die Beantwortung von Kundenanfragen zu automatisieren, sodass mehr Zeit für personalisierte Interaktionen bleibt. KI kann auch dabei helfen, Muster im Kundenverhalten zu erkennen, damit Sie Ihren Ansatz anpassen und die Kundenzufriedenheit verbessern können.

"Wie kann ich meine [KOMMUNIKATION/MELDUNG/INTERKOMMUNIKATION] mit [SPEZIFISCHER KUNDENTYP] [PERSÖNLICHER gestalten], um [z.B. das Engagement/die Zufriedenheit] zu erhöhen und [z.B. langfristige Beziehungen] zu entwickeln/stärken?"

"Welche [DATEN/MESSWERTE/ANALYTIK] sollte ich [z.B. VERFOLGEN/ANALYSIEREN/MONITOREN], um meine [KUNDEN/ZIELGRUPPE] besser zu verstehen und meine [KOMMUNIKATION/STRATEGIE/ANSPRECHPARTNER] zu optimieren?"

"Wie kann ich [z.B.] ein [z.B. Kundenbindungs-/Belohnungsprogramm] erstellen/aufbauen, das [z.B.] [WIEDERHOLUNGSGESCHÄFTE/LANGFRISTIGE BEZIEHUNGEN] fördert und [KUNDENBINDUNG/SATISFACTION] steigert/verbessert?

"Kannst du uns [TIPPS/Strategien/BESTE PRAXIS] für [z.B. ERNSTHAFTE/ANSPRECHENDE/INTERAKTION] mit [z.B. SCHWIERIGEN/HERAUSFORDERNDEN/GEFÄHRLICHEN] Kunden [z.B. AUF EINE PROFESSIONELLE/POSITIVE/HELFLICHE WEISE] und [ERHALTUNG/VERBESSERUNG] [z.B. KUNDENZUFRIEDENHEIT/BEWERTUNG] geben?"

"Welche [KANÄLE/TAKTIKEN/STRATEGIEN] sollte ich nutzen, um [z.B.] [NEUE/POTENZIELLE] Kunden [z.B. AUF EFFEKTIVE/PERSÖNLICHKEITSVERSTÄRKENDE WEISE] zu erreichen und [MARKENBEKANNTHEIT/VERWENDUNG] aufzubauen?"

Nutzen Sie die KI,um das Kundenfeedback zu analysieren und Verbesserungsmöglichkeiten für Ihr Kundenerlebnis zu identifizieren. Personalisieren Sie die Kommunikation mit Ihren Kunden, indem Sie z.B. ihren Namen nennen oder Sie sich auf frühere Interaktionen beziehen. Ziehen Sie in Erwägung, eine Wissensdatenbank mit häufig gestellten Fragen zu erstellen und ChatGPT zu nutzen, um die Antworten auf häufige Fragen zu automatisieren.

Verkaufsskripte erstellen

ChatGPT und Co. können bei der Erstellung von **Verkaufsskripten** helfen, indem es Gesprächsanregungen generiert, Sprachvorschläge macht und einen kohärenten Dialogablauf strukturiert. Sie kann dabei helfen, personalisierte und überzeugende Verkaufsgespräche zu erstellen, indem sie die Zielgruppe identifizieren, die Produktvorteile hervorheben und auf häufige Einwände eingehen. Durch den Einsatz von KI können Nutzer/innen Zeit und Mühe bei der Erstellung effektiver Verkaufsskripte sparen und gleichzeitig Einblicke in die Sprache und den Tonfall gewinnen, der bei Ihren Kunden ankommt.

"Ich versuche, [ZWECK DES VERKAUFSSKRIPTS] für [PRODUKT/DIENST] zu erstellen. Kannst du mir helfen, ein Verkaufsskript zu erstellen, das [SPEZIFISCHES ZIEL] durch [Hervorhebung SPEZIFISCHER VORTEILE/EINZIGARTIGE VERKAUFSPUNKTE] für [ZIELGRUPPE] erreicht?

"Kannst du ein Verkaufsskript erstellen, das sich an [ZIELGRUPPE EINFÜGEN] richtet, die an [PRODUKT/DIENSTKATEGORIE EINFÜGEN] interessiert ist und nach [LÖSUNG EINFÜGEN] sucht? Das Skript sollte die einzigartigen Merkmale und Vorteile von [PRODUKT/DIENSTLEISTUNG EINFÜGEN] hervorheben und eine klare Handlungsaufforderung für [ERWÜNSCHTES ERGEBNIS EINFÜGEN] enthalten.

"Ich brauche ein Verkaufsskript, das die [ZIELGRUPPE EINFÜGEN] direkt anspricht, den [TON EINFÜGEN] verwendet und die [TOP 3 PRODUKT/DIENSTLEISTUNGSMERKMALE EINFÜGEN] hervorhebt. Das Skript sollte häufige Einwände wie [GEMEINSAME EINWANDERUNG 1], [GEMEINSAME EINWANDERUNG 2] und [GEMEINSAME EINWANDERUNG 3] ansprechen."

"Ich möchte in meinem Verkaufsgespräch ein Gefühl von [ADJEKTIV] Dringlichkeit und Knappheit vermitteln. Kannst du mir helfen, eine Formulierung zu finden, die [ZIELGRUPPE] zu [BESTIMMTE HANDLUNG] ermutigt, um [PRODUKT/DIENST] nicht zu verpassen? Welchen [SPEZIFISCHEN ANREiz] kann ich anbieten, um dies zu erreichen?"

"Ich muss mein Verkaufsgespräch auf eine bestimmte [BRANCHE/NICHE] zuschneiden. Kannst du mir helfen, die [SPEZIFISCHE SPRACHE/TERMINOLOGIE] zu verstehen, die bei der [ZIELGRUPPE] ankommt, und einige [SPEZIFISCHE BEISPIELE] vorschlagen, die die [z.B. EINZIGARTIGE VERKAUFSPUNKTE/VORTEILE] unseres [PRODUKTES/DIENSTES] für diese [BRANCHE/NICHE] hervorheben?"

Recherchieren Sie das Zielpublikum: Um ein effektives Verkaufsskript zu erstellen, ist es wichtig, die Bedürfnisse, Vorlieben und Probleme der Zielgruppe zu verstehen. Nutzen Sie Umfragen, Social Media Listening Tools und Kundenfeedback, um Erkenntnisse zu sammeln, die in Ihre Sprache und Ihre Botschaften einfließen können.

Nutzen Sie Techniken des Geschichtenerzählens: Storytelling ist ein wirkungsvolles Mittel, um Kunden anzusprechen und dein Verkaufsgespräch einprägsamer zu machen. Verwenden Sie Anekdoten, Erfahrungsberichte und Beispiele aus dem wirklichen Leben, um die Vorteile und den Wert Ihres Produkts/ Ihrer Dienstleistung zu verdeutlichen.

Testen und wiederholen: Die Erstellung eines erfolgreichen Verkaufsskripts ist ein iterativer Prozess, der Experimente und Verfeinerung erfordert. Testen Sie verschiedene Sprachen, Botschaften und Dialogabläufe, um herauszufinden, was bei Ihrer Zielgruppe am besten ankommt, und verwenden Sie Datenanalysen, um Ihre Ergebnisse zu verfolgen und Ihr Skript im Laufe der Zeit zu optimieren.

Digitale Ads entwerfen

ChatGPT und Co. können bei der Gestaltung digitaler **Anzeigen** helfen, indem sie kreative und innovative Ideen liefern, Anzeigentexte erstellen, relevante Bilder vorschlagen und bei der Keyword-Recherche helfen.

Sie können frühere Werbekampagnen analysieren und Erkenntnisse darüber liefern, was funktioniert hat und was nicht. Außerdem können sie bei A/B-Tests helfen, um die effektivsten Anzeigenvarianten zu ermitteln.

"Wie kann ich eine Anzeige im [SPEZIFISCHEN ANZEIGENFORMAT] erstellen, die mein [PRODUKT/DIENST] einzigartiges [WERTPROFESSION] an [SPEZIFISCHES PUBLIKUM] effektiv kommuniziert und [SPEZIFISCHE AKTION] auslöst?"

"Welche [SPEZIFISCHEN GESTALTUNGSELEMENTE/VISUALE] sollte ich verwenden, um meine [SOZIALE MEDIENPLATTFORM] Anzeige optisch ansprechend zu gestalten und [SPEZIFISCHE AKTION] bei meiner [ZIELGRUPPE] zu fördern?"

"Kannst du [ANZAHL] Variationen von Anzeigentexten vorschlagen, die die [BESTIMMTE ZIELGRUPPE] ansprechen, [BESTIMMTER VORTEIL/VORTEIL] meines [PRODUKTES/DIENSTES] hervorheben und [BESTIMMTE EMOTION/PSYCHOLOGISCHER AUSLÖSER] einbeziehen?"

"Was sind einige [SPEZIFISCHE PSYCHOLOGISCHE TRIGGER/EMOTIONEN], die in meine [ANZEIGENFORMAT] Anzeige eingebaut werden können, um [SPEZIFISCHE METRIK] zu erhöhen, wie z. B. [SPEZIFISCHE METRIK] oder [SPEZIFISCHE METRIK]?"

"Welche [SPEZIFISCHEN TARGETING-MÖGLICHKEITEN/PLATTFORM-EIGENSCHAFTEN] kann ich nutzen, um meine [SPEZIFISCHE AUDIO] zu erreichen, z. B. [SPEZIFISCHE TARGETING-MÖGLICHKEIT], und [SPEZIFISCHE METRIK] für meine [SOZIALE MEDIEN-PLATTFORM]-Anzeige zu maximieren?"

Wenn Sie Anzeigenideen anfordern, sollten Sie Ihre Zielgruppe genau beschreiben und angeben, was Ihr Produkt/Ihre Dienstleistung von der Konkurrenz unterscheidet. So kann die KI relevantere Ideen entwickeln. Geben Sie Beispiele für frühere Werbekampagnen und ihre Ergebnisse, damit ChatGPT versteht, was gut funktioniert hat und was verbessert werden muss.

Wenn Sie um Keyword-Vorschläge bitten, geben Sie eine Liste Ihrer Top-Konkurrenten und relevanter Branchen-Keywords an. So kann die KI gezieltere und effektivere Vorschläge machen.

Produktanforderungen erstellen

ChatGPT und Co. sind KI-Sprachmodelle, die beim Schreiben von **Produktanforderungen** sehr hilfreich sein können. Mit Befehlen, Fragen und Richtlinien kann die KI Ihnen helfen, Ideen zu entwickeln, Ihre Gedanken zu klären und Ihr Anforderungsdokument zu strukturieren. Ganz gleich, ob Sie Produktmerkmale, User Stories, Abnahmekriterien oder technische Spezifikationen definieren müssen. Die KI kann dabei helfen, klare, präzise und umfassende Anforderungen zu formulieren, die den Bedürfnissen Ihrer Stakeholder und Kunden entsprechen.

"Schreibe mir detaillierte Produktanforderungen, die die [SCHLÜSSELFUNKTIONEN] abdecken, einschließlich [FEATURE 1], [FEATURE 2] und [FEATURE 3]. Bitte füge außerdem Anforderungen für [FEATURE 4] und [FEATURE 5] hinzu."

"Bitte erstelle Produktanforderungen, die die [ZIELGRUPPE] definieren, einschließlich [DEMOGRAPHIE 1], [DEMOGRAPHIE 2] und [DEMOGRAPHIE 3]. Bitte füge außerdem Anforderungen hinzu, die [BESONDERES BEDÜRFNIS 1], [BESONDERES BEDÜRFNIS 2] und [BESONDERES BEDÜRFNIS 3] für diese Zielgruppe berücksichtigen."

"Schreibe mir umfassende Produktanforderungen, die die [FUNKTIONSANFORDERUNGEN] für dieses Produkt enthalten, einschließlich [FUNKTIONALITÄT 1], [FUNKTIONALITÄT 2] und [FUNKTIONALITÄT 3]. Bitte füge außerdem Anforderungen für [VERBUNDENE FUNKTIONALITÄT 1], [VERBUNDENE FUNKTIONALITÄT 2] und [VERBUNDENE FUNKTIONALITÄT 3] hinzu."

"Wir entwickeln einen [PRODUKTTYP], der [z.B. SICHERHEITSKRITISCH / MISSIONSKRITISCH / PRIVACY-SENSIBEL / HOCHRISIKO] Merkmale enthält. Wir müssen sicherstellen, dass unsere Anforderungen [VOLLSTÄNDIG, UNVERBINDLICH, NACHWEISBAR UND ÜBERPRÜFBAR] sind und dass sie [DIE POTENZIELLEN RISIKEN UND GEFAHREN BESEITIGEN, DIE REGELMÄSSIGEN ANFORDERUNGEN ERFÜLLEN UND DIE INDUSTRIESTANDARDS ERFÜLLEN]. Kannst du uns durch den Prozess der [GEFAHRENANALYSE, RISIKOBEWERTUNG, FAULTREE-ANALYSE ODER SICHERHEITSBEWERTUNG] führen und uns dabei helfen, [ANZAHL] SICHERHEITSBEZOGENE ANFORDERUNGEN zu formulieren, die [z. B. DIE ERKANNTEN RISIKEN UND GEFAHREN VERMEIDEN UND DEN SICHEREN BETRIEB DES PRODUKTES SICHERSTELLEN]?"

"Wir wollen einen [PRODUKTTYP] entwickeln, der [SPEZIFISCHE TECHNOLOGIE, ARCHITEKTUR ODER PLATTFORM] nutzt, um [QUALITÄTSATTRIBUT ODER GESCHÄFTSWERT] zu liefern. Wir haben bereits einige [z.B. FUNKTIONALE / NICHT-FUNKTIONALE / TECHNISCHE] ANFORDERUNGEN definiert, müssen diese aber validieren und sicherstellen, dass sie [MIT DEN NEUEN BESTEN PRAKTIKEN, STANDARDS UND TRENDS] ÜBEREINSTIMMEN. Kannst du unsere Anforderungen überprüfen und uns Feedback, Vorschläge und Alternativen geben, die [z.B. DIE QUALITÄT, WARTBARKEIT, SKALIERBARKEIT ODER KOSTENEFFIZIENZ DES PRODUKTES VERBESSERN]?"

Beginnen Sie mit den Bedürfnissen der Nutzer: Bevor Sie eine Produktanforderung definieren, versuchen Sie zu verstehen, wer die Nutzer sind, welche Probleme oder Ziele sie haben und wie Ihr Produkt ihnen helfen kann. Verwenden Sie Personas, User Stories und Szenarien, um sich bei Ihren Überlegungen zu orientieren und stellen sie sicher, dass Sie sich darauf konzentrieren, dem Nutzer einen Mehrwert zu bieten.

Verwenden Sie eine einheitliche Struktur: Damit Ihr Anforderungsdokument leicht zu lesen und zu navigieren ist, verwenden Sie eine einheitliche Struktur mit Überschriften, Zwischenüberschriften und Aufzählungspunkten. Achten Sie auf eine logische Reihenfolge, die den Benutzerfluss, die Geschäftsziele und die technischen Einschränkungen deines Produkts widerspiegelt.

Zusammenarbeiten und iterieren: Das Schreiben von Produktanforderungen ist keine Einzelarbeit. Beziehen Sie Ihre Teammitglieder, Interessengruppen und Kunden in den Prozess der Erstellung, Überprüfung und Verfeinerung der Anforderungen mit ein. Nutzen Sie Feedback, Tests und Validierung, um sicherzustellen, dass Ihre Anforderungen genau, vollständig und relevant sind. Arbeiten Sie so lange daran, bis Sie ein gemeinsames Verständnis davon haben, was das Produkt leisten soll und wie es funktionieren soll.

Product Roadmap erstellen

ChatGPT und Co. können ein wertvolles Werkzeug für die Erstellung von **Produkt-Roadmaps** sein, indem sie ihre Fähigkeiten zur Spracherzeugung nutzen, um Erkenntnisse zu gewinnen, Ideen zu generieren und Funktionen auf der Grundlage von Nutzerfeedback, Markttrends und Geschäftszielen zu priorisieren.

Es kann dabei helfen, die wichtigsten Ziele zu identifizieren, Strategien zu definieren und Aktionspläne zu erstellen. Mit KI können Sie Ideen für Produktmerkmale sammeln, Risiken und Chancen bewerten und Zeitpläne erstellen. Mit der KI können Sie auch wertvolle Erkenntnisse gewinnen, die Ihnen helfen, effektive Produktpläne zu erstellen, die mit Ihren Unternehmenszielen übereinstimmen.

"Erstelle eine Produkt-Roadmap für [PRODUKTNAME], die eine klare Produktvision enthält und mit den strategischen Zielen und Initiativen unseres Unternehmens für [JAHR/QUARTIER] übereinstimmt. Sie sollte sich auf [SPEZIFISCHES MARKTSEGMENT] konzentrieren und die Bedürfnisse von [PROBLEM/BEDARF] ansprechen und wichtige Funktionen wie [FEATURE 1], [FEATURE 2], [FEATURE 3] und [FEATURE 4] enthalten."

"Kannst du mir helfen, eine Produkt-Roadmap für [PRODUKTNAME] zu erstellen, die das Feedback aus Nutzerumfragen, Usability-Tests und Marktforschung berücksichtigt? Sie sollte ein Gleichgewicht zwischen kurz- und langfristigen Zielen und Meilensteinen herstellen und wichtige Leistungsindikatoren (KPIs) für [METRIC 1], [METRIC 2] und [METRIC 3] enthalten."

"Ich brauche eine Produkt-Roadmap für [PRODUKTNAME], die das breitere Ökosystem unseres Produkts berücksichtigt, einschließlich Integrationen mit Plattformen Dritter, APIs und Partnerschaften. Es sollte für unsere Kunden und Stakeholder einen Mehrwert schaffen und ihre emotionalen und funktionalen Bedürfnisse für [PROBLEM/BEDARF] erfüllen."

"Welches sind die [SCHLÜSSELERFOLGSFAKTOREN/ KOMPETITIVEN VORTEILE/ UNTERSCHIEDE], auf die wir uns beim [AUFBAU/ DURCHFÜHRUNG/VERMITTLUNG] unserer [PRODUKT/ DIENSTLEISTUNG]-Roadmap konzentrieren sollten, und wie können wir ihre Wirkung [KOMMUNIZIEREN/BEWERTEN/MAESSEN]?"

"Welche [internen/externen] Stakeholder sollten an der [ERSTELLUNG/BEWERTUNG/KOMMUNIKATION] unserer [PRODUKT/DIENST]-Roadmap beteiligt sein, und wie können wir sie [BINDEN/ANREGIEREN/STÄRKEN], um ihren Erfolg zu [SICHERSTELLEN/VORTEILEN]?"

Seien Sie konkret und geben den Kontext an - je mehr Details Sie angeben, desto genauer und relevanter wird die Antwort der KI sein. Nutzen Sie Chat GPT und Co., um verschiedene Szenarien zu bewerten und ihre möglichen Ergebnisse abzuschätzen, um eine fundierte Produkt-Roadmap zu erstellen. Stellen Sie offene Fragen, um die KI zu ermutigen, kreativere und innovativere Ideen zu entwickeln.

Usability Tests durchführen

ChatGPT und Co können ein hilfreiches Werkzeug bei der Durchführung von **Usability-Tests** sein. Sie können dabei helfen, Fragen für die Testteilnehmer zu erstellen, ihre Antworten zu analysieren und Erkenntnisse für die Verbesserung des Nutzererlebnisses zu liefern. Mit Hilfe von KI können Sie detailliertere Rückmeldungen von den Nutzern erhalten und Verbesserungsmöglichkeiten erkennen, die sonst vielleicht übersehen worden wären. Außerdem können Sie mit der KI Zeit und Mühe sparen, indem Sie die Erstellung von Fragen und die Auswertung der Antworten automatisieren

"Kannst du mir helfen, eine Liste mit [ANZAHL] Fragen zu erstellen, die ich beim Usability-Test für [PRODUKT/DIENST] stellen kann und die sich auf [SPEZIFISCHER ASPEKT], [SPEZIFISCHER ASPEKT] und [SPEZIFISCHER ASPEKT] konzentrieren? Könntest du mir außerdem einige szenariobasierte Fragen zur Verfügung stellen, die [SPEZIFISCHE AUFGABE] und [SPEZIFISCHE AUFGABE] betreffen?"

"Was sind häufige Usability-Probleme, die ChatGPT während des Testens identifizieren kann, z. B. [SPEZIFISCHES PROBLEM], [SPEZIFISCHES PROBLEM] und [SPEZIFISCHES PROBLEM]? Könntest du mir außerdem Vorschläge machen, wie ich diese Probleme angehen kann?"

"Wie kann ich ChatGPT verwenden, um das Feedback von [ANZAHL] Usability-Testteilnehmern zu analysieren? Insbesondere möchte ich ihre [SPEZIFISCHE FEEDBACK-KATEGORIE], [SPEZIFISCHE FEEDBACK-KATEGORIE] und [SPEZIFISCHE FEEDBACK-KATEGORIE] analysieren. Könnten Sie mir außerdem Empfehlungen geben, wie ich die Daten visuell ansprechend präsentieren kann?"

"Kann ChatGPT bei der Erstellung von Personas helfen, die auf dem Feedback von Usability-Tests in Bezug auf [SPEZIFISCHER ASPEKT], [SPEZIFISCHER ASPEKT] und [SPEZIFISCHER ASPEKT] basieren? Und wie können die Personas genutzt werden, um das Nutzererlebnis zu verbessern?"

"Wie kann ChatGPT mir helfen, anhand der Ergebnisse von Usability-Tests Prioritäten für Verbesserungen zu setzen? Konkret würde ich gerne [SPEZIFISCHER DATENPUNKT], [SPEZIFISCHER DATENPUNKT] und [SPEZIFISCHER DATENPUNKT] analysieren, um die dringendsten Probleme zu ermitteln. Könntest du mir außerdem Empfehlungen geben, wie ich diese Probleme nach ihrem Schweregrad und ihrer Auswirkung auf das Nutzererlebnis priorisieren kann?"

Verwenden Sie offene Fragen: Stellen Sie Fragen, die es den Teilnehmern ermöglichen, detailliertes und spezifisches Feedback zu geben. Vermeiden Sie geschlossene Fragen, die nur mit Ja oder Nein beantwortet werden können.

Beziehen Sie szenariobasierte Fragen ein: Stellen Sie den Teilnehmenden realistische Szenarien vor und fragen Sie sie, wie sie bestimmte Aufgaben erledigen oder bestimmte Ziele erreichen würden. Das kann helfen, Schmerzpunkte und verbesserungswürdige Bereiche zu identifizieren.

Priorisieren Sie die Erfahrung der Teilnehmenden: Sorgen Sie dafür, dass sich die Teilnehmenden während des Tests wohlfühlen und entspannen können. Das können Sie erreichen, indem Sie den Zweck des Tests erklären, klare Anweisungen geben und bei Bedarf Unterstützung anbieten. Ein positives Erlebnis der Teilnehmer/innen kann zu einem genaueren und wertvolleren Feedback führen.

Launch Plan erstellen

ChatGPT und Co. können ein großartiges Werkzeug für die Erstellung eines **Produkteinführungsplans** sein. Mit seiner umfangreichen Wissensdatenbank und den Funktionen zur Verarbeitung natürlicher Sprache können sie dabei helfen, Ideen zu entwickeln, mögliche Hindernisse zu erkennen und Empfehlungen für eine erfolgreiche Markteinführung zu geben. Wenn Sie spezifische Informationen über Ihr Produkt, Ihre Zielgruppe und Ihre Ziele eingeben, kann die KI maßgeschneiderte Vorschläge und Erkenntnisse liefern, die Ihnen bei der Erstellung eines umfassenden Einführungsplans helfen.

"Können Sie einen umfassenden Plan für die Produkteinführung von [PRODUKTNAME] erstellen, der sich an [BESTIMMTE DEMOGRAPHIE ODER ZIELGRUPPE] richtet und [BESTIMMTE VERMARKTUNGSKANÄLE] einbezieht? Bitte füge einen detaillierten Zeitplan, ein Budget, Werbestrategien und Erfolgskennzahlen bei."

"Ich brauche einen Plan für die Produkteinführung von [PRODUKTNAME], der [BESONDERE HERAUSFORDERUNGEN ODER HINDERDERNISSE] berücksichtigt und umsetzbare Empfehlungen enthält, wie diese überwunden werden können. Kannst du auch kreative Ideen für eine Einführungsveranstaltung, Werbeaktionen und Öffentlichkeitsarbeit vorschlagen, mit denen wir bei der [ZIELGRUPPE] Begeisterung und Vorfreude wecken können?"

"Bitte erstellen Sie einen Plan für die Produkteinführung von [PRODUKTNAME], der die wichtigsten Ziele, die Zielgruppe, [SPEZIFISCHE VERMARKTUNGSKANÄLE] und die Erfolgskennzahlen enthält. Kannst du außerdem innovative und effektive Methoden vorschlagen, um die Wirkung unserer Markteinführung zu messen, einschließlich [SPEZIFISCHE METRIKEN]?"

"Was sind die [POTENZIELLEN/ MÖGLICHEN] Hindernisse, die ich bei der Einführung meines [PRODUKTES/DIENSTES] beachten muss, und wie kann ich sie [ÜBERWINDEN/UMGEHEN/MITIGIEREN]?"

"Welche [EINZIGARTIGEN/KREATIVEN] Werbemaßnahmen kann ich einsetzen, um vor der Markteinführung [BUZZ/GENERATE INTEREST] für mein [PRODUKT/DIENST] zu erzeugen, insbesondere bei [SPEZIFISCHE ZIELGRUPPE/ DEMOGRAFIE]?"

Geben Sie spezifische Details über Ihr Produkt, Ihre Zielgruppe und Ihre Ziele an, damit ChatGPT maßgeschneiderte Antworten geben kann. Wenn Sie um Ideen bitten, sollten Sie versuchen, den Kontext oder die Parameter anzugeben, um den Umfang der Vorschläge einzugrenzen. Nutzen Sie die Fähigkeit von KI, neue und einzigartige Ideen zu entwickeln, um Ihre eigenen Recherchen und Planungen zu ergänzen, anstatt sich ganz darauf zu verlassen.

Finanzielle Leistung analysieren

ChatGPT und Co. können zur Analyse der **finanziellen Leistungsfähigkeit** eingesetzt werden, indem sie Erkenntnisse und Empfehlungen auf der Grundlage historischer Finanzdaten generieren. Durch die Eingabe von Finanzberichten wie Gewinn- und Verlustrechnungen, Bilanzen und Kapitalflussrechnungen kann die KI die Daten analysieren, um Trends, Kennzahlen und andere Indikatoren für die finanzielle Gesundheit zu ermitteln. Darüber hinaus kann die KI Einblicke in Bereiche geben, in denen ein Unternehmen Probleme hat oder Wachstumsmöglichkeiten bietet. Diese Informationen können genutzt werden, um fundierte Entscheidungen über die Finanzstrategie zu treffen, z. B. Investitionsentscheidungen oder Kostensenkungsmaßnahmen.

"Bitte analysiere die Markttrends von [NAME DER INDUSTRIE] für die letzten [ANZAHL] Jahre und prognostiziere die [FINANZMETRIE] für die nächsten [ANZAHL] Jahre. Welche Empfehlungen haben Sie auf der Grundlage dieser Analyse für [NAME DES UNTERNEHMENS], um seine [ASPEKT DER FINANZIELLEN LEISTUNG] zu verbessern?"

"Welches sind auf der Grundlage der [FINANZEN] von [NAME DES UNTERNEHMENS] für die letzten [ANZAHL] Jahre die wichtigsten Faktoren für die [FINANZKENNZAHL]? Kannst du eine detaillierte Analyse der Faktoren erstellen, die [FINANZKENNZAHL] beeinflussen, und Empfehlungen zur Verbesserung von [ASPEKT DER FINANZIELLEN LEISTUNG] geben?"

"Können Sie die finanzielle Leistung von [NAME DES UNTERNEHMENS] mit [NAME DES WETTBEWERBS] für die letzten [ANZAHL] Jahre vergleichen? Was sind die wichtigsten Unterschiede in ihren [FINANZMETRIK], und welche Empfehlungen haben Sie für [NAME DES UNTERNEHMENS], um ihre [ASPEKT DER FINANZIELLEN LEISTUNG] im Vergleich zu [NAME DES WETTBEWERBS] zu verbessern?"

"Bitte analysiere den [FINANZNACHWEIS] von [NAME DES UNTERNEHMENS] für die letzten [ANZAHL] Jahre und ermittle mögliche Risiken oder Herausforderungen für den [ASPEKT DER FINANZIELLEN LEISTUNG]. Welche Empfehlungen haben Sie für die Minderung dieser Risiken und die Verbesserung des [BEREICHS DER FINANZIELLEN LEISTUNGSFÄHIGKEIT]?

"Kannst du anhand der [FINANZERKLÄRUNG] von [NAME DES UNTERNEHMENS] für die letzten [ANZAHL] Jahre die [FINANZKENNZAHL] analysieren und einen Einblick in [ASPEKT DER FINANZIELLEN LEISTUNG] geben? Welche Empfehlungen hast du außerdem für die Verbesserung von [ASPEKT DER FINANZIELLEN LEISTUNG]?"

Geben Sie saubere, genaue und vollständige Finanzdaten ein, um genauere und zuverlässigere Einblicke von der KI zu erhalten. Stelle Sie spezifische und gezielte Fragen, um relevante und nützliche Informationen zu erhalten.

Vermeiden Sie vage oder offene Fragen, die zu irrelevanten oder wenig hilfreichen Antworten führen können.

Nutzen Sie die Erkenntnisse der KI als Ausgangspunkt für weitere Analysen und Entscheidungen. Erwägen Sie, die Empfehlungen der KI mit menschlichem Fachwissen und Urteilsvermögen zu kombinieren, um die besten finanziellen Entscheidungen für dein Unternehmen zu treffen.

Budget Plan erstellen

ChatGPT und Co sind hervorragende Werkzeuge, um **Haushaltspläne** effizient zu erstellen. Mit personalisierten Befehlen und Vorschlägen kann die KI Ihnen helfen, die wichtigsten Bereiche zu identifizieren, in denen Sie Geld sparen können, und einen machbaren Haushaltsplan zu erstellen, der Ihren finanziellen Zielen entspricht. Mit der KI können Sie ein Gespräch führen, um Ideen zu sammeln und verschiedene Möglichkeiten zu erkunden, was Ihnen Zeit und Mühe sparen kann.

"Kannst du einen Budgetplan erstellen, mit dem ich [BESTIMMTER GELDBETRAG] pro Monat sparen kann? Ich verdiene derzeit [SPEZIFISCHER GELDBETRAG] pro Monat und meine monatlichen Ausgaben umfassen [SPEZIFISCHE AUSGABEN]. Ich möchte mein Einkommen zwischen Ersparnissen und Ausgaben aufteilen, um meine finanziellen Ziele zu erreichen, darunter [SPEZIFISCHE FINANZZIELE].

"Welche [SPEZIFISCHEN WERKZEUGE ODER TECHNIKEN] kann ich nutzen, um meine Ausgaben zu verfolgen und meine Fortschritte bei der Budgetplanung für [SPEZIFISCHES ZIEL ODER EREIGNIS] zu überwachen? Wie kann ich diese Tools effektiv nutzen und welche [SPEZIFISCHEN EIGENSCHAFTEN ODER FUNKTIONEN] sollte ich dabei beachten?"

"Ich muss einen Budgetplan erstellen, der die Bereiche aufzeigt, in denen ich Kosten senken und bei meinen monatlichen Ausgaben Geld sparen kann. Kannst du mir dabei helfen? Meine monatlichen Ausgaben umfassen [SPEZIFISCHE AUSGABEN], und mein derzeitiges monatliches Einkommen beträgt [SPEZIFISCHER GELDBETRAG]. Ich möchte einen Budgetplan erstellen, mit dem ich [BESTIMMTER GELDBETRAG] pro Monat einsparen und trotzdem meine wichtigsten Ausgaben decken kann."

"Ich möchte einen Budgetplan erstellen, der meine Finanzen optimiert, indem ich mein Einkommen zwischen Einsparungen und Ausgaben aufteile. Kannst du mir dabei helfen? Mein monatliches Einkommen beträgt [SPEZIFISCHER GELDBETRAG], und meine Ausgaben umfassen [SPEZIFISCHE AUSGABEN]. Meine finanziellen Ziele sind [SPEZIFISCHE FINANZZIELE], und ich möchte einen Budgetplan erstellen, der mir hilft, diese Ziele zu erreichen und gleichzeitig meine wichtigsten Ausgaben zu decken."

"Kannst du mir [BESTIMMTE RESSOURCEN ODER EXPERTEN] empfehlen, die ich konsultieren kann, wenn ich einen Budgetplan für [BESTIMMTES ZIEL ODER EREIGNIS] erstellen möchte? Welche [SPEZIFISCHEN FRAGEN ODER THEMEN] sollte ich mit ihnen besprechen, und wie kann ich ihre Ratschläge auf meine spezielle Situation anwenden?"

Geben Sie genaue Informationen über Ihr Einkommen, Ihre Ausgaben und Ihre finanziellen Ziele an, damit die KI genauere und persönlichere Vorschläge machen kann.

Seien Sie aufgeschlossen und flexibel, um verschiedene Optionen und Strategien zu erkunden. die KI kann Ihnen helfen, Ideen zu entwickeln, die Sie vorher vielleicht nicht in Betracht gezogen haben. Nutzen Sie KI als Ergänzung zu Ihren eigenen Recherchen und Kenntnissen. Die KI kann wertvolle Einblicke und Vorschläge liefern, aber es ist wichtig, die Informationen zu überprüfen und zu verifizieren, bevor Sie finanzielle Entscheidungen treffen.

Geistiges Eigentum managen

ChatGPT und Co. können bei der Verwaltung von **geistigem Eigentum** unglaublich nützlich sein, da sie auf eine Vielzahl von Texten trainiert wurden und helfen können, Einblicke in die Materie zu erhalten.

Sie können bei Aufgaben wie der Identifizierung von Patenten und Marken, der Recherche des Stands der Technik und dem Verfassen von Patentanmeldungen helfen. Durch das Stellen spezifischer Fragen und das Bereitstellen relevanter Informationen kann die KI denjenigen, die geistiges Eigentum verwalten, wertvolle Hinweise und Unterstützung bieten.

"Können Sie mir helfen, [PATENTE/TRADEMARKEN] mit Bezug zu [SCHLÜSSELWORT ODER PHRASE EINFÜGEN] zu finden? Ich bin insbesondere an Patenten interessiert, die in den letzten [NUMMER EINFÜGEN] Jahren angemeldet wurden.

"Wie wird eine Recherche zum Stand der Technik für ein [SPEZIFISCHE ART DES PATENTS] durchgeführt? Können Sie auch eine [DATENBANK ODER EIN WERKZEUG EINFÜGEN] empfehlen, die bei dieser Suche hilfreich ist?"

"Können Sie mir bei der Ausarbeitung einer Patentanmeldung für [ERFINDUNGSDATEN EINFÜGEN] helfen? Ich suche eine Anleitung, wie ich [SPEZIFISCHEN ASPEKT DES PATENTANMELDUNGSVERFAHRENS EINFÜGEN, Z.B. ANSPRÜCHE ODER BESCHREIBUNG].

"Was sind die besten Methoden zum Schutz des geistigen Eigentums in [SPEZIFISCHE BRANCHE]? Gibt es aktuelle [RECHTLICHE ODER REGELNDE] Änderungen, die ich kennen sollte?"

"Können Sie mir Ressourcen empfehlen, um über Änderungen in [GEISTIGES EIGENTUMSRECHT/PATENTVERORDNUNGEN] auf dem Laufenden zu bleiben? Insbesondere interessiere ich mich für [ART DER RESSOURCE EINFÜGEN, Z.B. VERÖFFENTLICHUNGEN DER INDUSTRIE ODER RECHTLICHE BLOGS].

Geben Sie genaue Details und den Kontext an, wenn Sie KI um Hilfe bitten. Je mehr Informationen Sie zur Verfügung stellen, desto genauer und hilfreicher werden die Antworten sein.

Zerlegen Sie komplexe Fragen in kleinere, gezieltere Fragen, um genauere und gezieltere Informationen von der KI zu erhalten. Halten Sie sich über Änderungen im Recht des geistigen Eigentums und in den Vorschriften auf dem Laufenden, um sicherzustellen, dass Ihre Fragen relevant und aktuell sind.

Erstellen von Bewerberbewertungen

ChatGPT und Co können ein nützliches Werkzeug für die Durchführung von **Bewerberbewertungen** sein, indem es wertvolle Einblicke und Empfehlungen liefert. Durch die Eingabe relevanter Informationen über die Stellenanforderungen und die Qualifikationen der Bewerber/innen kann die KI maßgeschneiderte Fragen erstellen, erste Screenings durchführen und die Fähigkeiten und Erfahrungen der Bewerber/innen bewerten. Außerdem kann die KI hilfreiches Feedback und Vorschläge zur Verbesserung des Einstellungsprozesses liefern.

"Ich suche einen [BERUFSTITEL] mit [BESTIMMTEN QUALIFIKATIONEN] und [BESTIMMTER ERFAHRUNG]. Können Sie mir Methoden zur Bewertung dieser Qualifikationen empfehlen, z. B. [BESTIMMTE FÄHIGKEITSPRÜFUNGEN ODER CODINGHERAUSFORDERUNGEN]?"

"Ich stelle eine Stelle für [BERUFSTITEL] ein und muss die [SPEZIFISCHEN FÄHIGKEITEN] der Bewerber/innen bewerten, um sicherzustellen, dass sie gut in die Unternehmenskultur passen. Können Sie mir Interviewfragen empfehlen, die mir helfen, diese Fähigkeiten zu beurteilen, z. B. [BESTIMMTE SZENARIO-BASIERTE FRAGEN ODER PERSÖNLICHKEITSBEWERTUNGEN]?"

"Ich möchte die Vielfalt und Integration in meinem Einstellungsprozess verbessern. Können Sie mir einige Möglichkeiten empfehlen, wie ich [BESTIMMTE EINSTELLUNGSSTRATEGIEN ODER AUSSCHREIBUNGSSPRACHE] einbeziehen kann, um einen vielfältigeren Pool von Bewerbern anzuziehen?"

"Ich muss das [BESTIMMTE BEREICHSKENNTNISSE] der Bewerber/innen für ein [BESTIMMTES PROJEKT ODER INDUSTRIE] bewerten. Können Sie mir Tests oder Übungen empfehlen, mit denen ich das Wissen der Bewerber bewerten kann, z. B. [BESTIMMTE FALLSTUDIEN ODER PROBLEMLÖSUNGSHERAUSFORDERUNGEN]?"

"Ich möchte ChatGPT nutzen, um den Prozess der Bewerberbewertung zu automatisieren. Können Sie mir Tools oder Plattformen empfehlen, die mit ChatGPT integriert werden können, um [BESTIMMTE FUNKTION, z. B. LEBENSLAUF-PARSING oder KANDIDATEN-BEWERTUNG] zu ermöglichen?

Geben Sie Stellenanforderungen und die Fähigkeiten/Qualifikationen, nach denen Sie suchen, genau an. Das hilft der IKI, relevantere Fragen und Empfehlungen zu formulieren. Geben Sie so viele Informationen wie möglich über die Bewerber/innen an, die Sie bewerten, z.B. ihre Lebensläufe und Anschreiben. Das hilft der KI, genauere Bewertungen zu erstellen. Nutzen Sie die KI als Ergänzung und nicht als Ersatz für die menschliche Beurteilung. Eine KI kann zwar wertvolle Erkenntnisse und Empfehlungen liefern, aber es ist nur ein Instrument im Einstellungsprozess.

Lieferantenbeziehungen managen

Die Verwaltung von **Lieferantenbeziehungen** kann schwierig und zeitaufwändig sein, aber mit der Hilfe von ChatGPT und Co. können Sie auch diesen Prozess vereinfachen. Die KI unterstützt Sie bei der Erstellung von Lieferantenprofilen, der Verfolgung der Kommunikation und der Verwaltung von Lieferantendaten. Mit seinen Funktionen zur Verarbeitung natürlicher Sprache kann die KI Ihnen auch dabei helfen, die Leistung Ihrer Lieferanten zu analysieren, verbesserungswürdige Bereiche zu identifizieren und fundierte Entscheidungen über zukünftige Lieferantenbeziehungen zu treffen.

"Können Sie mir [SPEZIFISCHE INFORMATIONEN] über [NAME DES ANBIETERS] zur Verfügung stellen, die mir helfen [z. B. ihr Geschäft besser zu verstehen]? Ich brauche Daten über [PRODUKTLINIE], [PREISSTRUKTUR], [LIEFERZEITEN], [QUALITÄTSKONTROLLPROZESSE] und [KUNDENSERVICE-POLITIKEN]."

"Welche [KOMMUNIKATIONS]-Strategien kann ich anwenden, um meine [LAUFENDE] Beziehung zu [NAME DES ANBIETERS] zu verbessern? Ich möchte sicherstellen, dass wir uns beide [über die Erwartungen] im Klaren sind und dass [JEGLICHE FRAGEN ODER BEDENKEN] [SOFORT UND EFFEKTIV] angegangen werden. Außerdem möchte ich mit ihnen [POTENTIELLE KOOPERATIONSMÖGLICHKEITEN] für die Zukunft ausloten.

"Wie kann ich den [GESAMTWERT] meines [NAME DES ANBIETERS] bewerten und ihn mit ähnlichen Anbietern auf dem Markt vergleichen? Ich möchte sicherstellen, dass ich [z.B. die bestmögliche Qualität] und [Rendite] erhalte und gleichzeitig [Kosten und Risiken] im Griff habe. Insbesondere möchte ich ihre [z.B. KUNDENZUFRIEDENHEIT], [z.B. LIEFERLEISTUNG], [z.B. FLEXIBILITÄT], [z.B. INNOVATION] und [z.B. NACHHALTIGKEITSPRAXIS] bewerten."

"Welche [SCHLÜSSELBEDINGUNGEN] sollte ich in meinen [VERTRAG] aufnehmen, um sicherzustellen, dass beide Parteien von der Vereinbarung profitieren? Ich möchte [z. B. RISIKEN UND STREITFÄLLE MINIMIEREN] und gleichzeitig [z. B. WERT UND FLEXIBILITÄT MAXIMIEREN]. Insbesondere möchte ich [ZAHLUNGSBEDINGUNGEN], [LIEFERFRISTEN], [QUALITÄTSSTANDARDS], [GEISTIGES EIGENTUMSRECHT] und [VERTRAULICHKEITS- UND DATENSCHUTZKLAUSEL] abdecken."

"Können Sie mir [VENDOR MANAGEMENT TOOLS] oder [SOFTWAREPROGRAMME] empfehlen, die mir helfen können, meine Lieferantenbeziehungen zu [OPTIMIEREN] und die [TRANSPARENZ ZU ERHÖHEN]? Ich muss [z.B. die Informationen über die Lieferanten zentralisieren], [z.B. die Leistungskennzahlen verfolgen] und [z.B. die Kommunikationskanäle straffen]. Außerdem möchte ich [AUTOMATION] und [KI-gestützte ANALYTIK] erforschen, die mir dabei helfen können, [z.B. das VERKÄUFERVERHALTEN VORZUSAGEN] und [z.B. VERBESSERUNGSMÖGLICHKEITEN] zu identifizieren."

Geben Sie so viele Details wie möglich an, wenn Sie Fragen stellen. So kann die KI Ihre Bedürfnisse besser verstehen und Ihnen genauere Antworten geben. Verwenden Sie eine spezifische Sprache, wenn Sie sich auf Anbieter, Produkte und Dienstleistungen beziehen. So kann ChatGPT die benötigten Informationen schneller und genauer finden. Wenn Sie die Leistung eines Anbieters analysieren, sollten Sie sowohl quantitative als auch qualitative Faktoren berücksichtigen. So können Sie sich ein umfassenderes Bild von ihrem Gesamtwert für Ihr Unternehmen machen.

Datenvisualisierungen gestalten

ChatGPT und Co. können bei der Erstellung von **Datenvisualisierungen** helfen, indem sie Ideen und Empfehlungen zur effektiven Visualisierung von Daten liefern. Sie können verschiedene Arten von Diagrammen oder Grafiken vorschlagen, die bestimmte Daten am besten darstellen können, und Einblicke geben, welche Art von Visualisierung für ein bestimmtes Publikum geeignet ist. Außerdem kann die KI Tipps geben, wie man Visualisierungen anpassen kann, um sie ansprechender und wirkungsvoller zu gestalten.

"Was sind die effektivsten Methoden, um [ART DER DATEN EINFÜGEN] für [SPEZIFISCHEN ZWECK EINFÜGEN] zu visualisieren, unter Berücksichtigung von [SPEZIFISCHE BEDINGUNGEN ODER ANFORDERUNGEN EINFÜGEN] und unter Berücksichtigung der [SPEZIFISCHE DEMOGRAPHISCHE INFORMATIONEN ODER MERKMALE EINFÜGEN] des Publikums?"

"Wie kann ich eine [ART DER KARTE EINFÜGEN] erstellen, die [ART DER DATEN EINFÜGEN] darstellt und gleichzeitig [BESONDERE ASPEKTE ODER MERKMALE DER DATEN EINFÜGEN] hervorhebt und [BESONDERE GESTALTUNGS- ODER ZUGÄNGLICHKEITSERWÄGUNGEN EINFÜGEN] berücksichtigt?"

"Kannst du Beispiele für erfolgreiche Datenvisualisierungen nennen, die für [SPEZIFISCHEN ZWECK ODER INDUSTRIE EINFÜGEN] verwendet wurden, und erklären, warum sie effektiv waren?"

"Was sind die wichtigsten Trends oder Innovationen in der Datenvisualisierung, die [SPEZIFISCHE INDUSTRIE ODER BEREICH EINFÜGEN] derzeit nutzt, und wie kann ich sie in meine eigenen Visualisierungen einbauen?"

"Was sind die effektivsten Datenvisualisierungstools oder -software für [SPEZIFISCHEN ZWECK ODER ART DER DATEN EINFÜGEN] und wie kann ich sie nutzen, um überzeugendere Visualisierungen zu erstellen?

Wähle Sie den passenden Diagrammtyp: Je nach Art der Daten und der Geschichte, die Sie erzählen wollen, eignen sich bestimmte Diagrammtypen besser als andere. Ein Balkendiagramm kann zum Beispiel nützlich sein, um einen Vergleich oder eine Rangfolge darzustellen, während ein Liniendiagramm für die Darstellung von Trends im Zeitverlauf geeignet ist.

Vereinfachen Sie das Design: Vermeiden Sie unnötigen Ballast in Ihrer Visualisierung. Verwenden Sie saubere und minimale Designelemente und sorgen dafür, dass Ihre Daten auf den ersten Blick leicht verständlich sind.

Konzentrieren Sie sich auf die Botschaft: Achten Sie darauf, dass Ihre Datenvisualisierung eine klare Aussage hat, die Sie vermitteln wollen. Verwenden Sie Anmerkungen, Beschriftungen und Überschriften, um die wichtigsten Punkte hervorzuheben, die Ihr Publikum aus den Daten mitnehmen soll.

Markttrends analysieren

ChatGPT und Co können ein hilfreiches Werkzeug bei der Analyse von **Markttrends** sein, indem es auf der Grundlage großer Datenmengen Erkenntnisse und Vorhersagen generiert. Mit seinen fortschrittlichen Funktionen zur Verarbeitung natürlicher Sprache kann die KI dabei helfen, Muster zu identifizieren, Anomalien zu erkennen und Empfehlungen für künftige Maßnahmen zu geben. Indem das Modell mit relevanten Informationen über den Markt gefüttert wird, z. B. Kundenverhalten, Konkurrenzanalysen und Branchentrends, kann die KI wertvolle Erkenntnisse für fundierte Entscheidungen liefern.

"Was sind die wichtigsten [z.B. Indikatoren/Faktoren/Datenpunkte], auf die man achten sollte, wenn man versucht, aktuelle Markttrends in [MEINER/ UNSERER] [INDUSTRIE/NICHE] zu erkennen und zu nutzen, und wie kann ich diese Informationen nutzen, um [MEIN/ UNSER] [PRODUKT/SERVICE]-Angebot zu [VERBESSERN/OPTIMIEREN]?

"Wie kann ich [SPEZIFISCHE DATEN/MESSWERTE] nutzen, um eine [z.B. UMFASSENDE/GRUNDLEGENDE] Analyse meiner Konkurrenten und [IHRER/iHRER] Auswirkungen auf den Markt für [MEIN/ UNSER] [PRODUKT/DIENST] durchzuführen, und welche [AKTIONIERBAREN/STRATEGISCHEN] Erkenntnisse kann ich aus dieser Analyse ziehen?"

"Welche [z.B. STATISTISCHE/METHODOLOGISCHE] Ansätze kann ich verwenden, um [GENAUE/VERLÄSSLICHE] Vorhersagen über die [z.B. KURZFRISTIGE/LANGFRISTIGE] Zukunft [MEINES/ UNSERES] [MARKTES/INDIENSTES/UNTERNEHMENS] auf der Grundlage von [HISTORISCHEN/AKTUELLEN] Daten zu treffen, und wie kann ich diese Vorhersagen nutzen, um [MEINE/ UNSERE] [GESCHÄFTLICHEN/STRATEGISCHEN] Entscheidungen zu treffen?"

"Auf welche [DATENQUELLEN/METRIKEN/ANALYSE-TOOLS] sollte ich mich konzentrieren, um die wichtigsten Faktoren zu ermitteln, die den Umsatz für [MEIN/ UNSER] [PRODUKT/DIENST] antreiben, und wie kann ich sie nutzen, um [MEINEN/ UNSEREN] [UMSATZ/GEWINN] zu steigern und [MEINE/ UNSERE] [UMSATZ/MARKETING]-Strategien zu VERBESSERN/OPTIMIEREN?"

"Wie kann ich [MEINE/ UNSERE] [MARKETING-/VERKAUFS-/KUNDENANSPRECHUNG]-Strategie [EFFEKTIV/ZIELGERICHTET] [MEINEN/ UNSEREN] [IDEALEN/ZIELGERICHTETEN] [KUNDEN/ZUHÖRER] ausrichten und eine [WETTBEWERBSVORTEIL/STÄRKE MARKTPOSITION] in [MEINER/ UNSERER] [BRANCHE/NICHTE] erreichen/erhalten, und welche [INNOVATIVEN/KREATIVEN/UNIKATIVEN] Ansätze kann ich nutzen, um in [MEINEM/ UNSEREM] [MARKT] [AUFMERKSAMKEIT ZU ERREICHEN]?"

Stellen Sie spezifische und relevante Informationen über den Markt zur Verfügung, z.B. Verkaufsdaten, Kundenverhalten und Branchenberichte, damit die KI genauere Erkenntnisse gewinnen kann.

Verwenden Sie eine klare und prägnante Sprache, wenn Sie Fragen stellen, um Verwirrung zu vermeiden und sicherzustellen, dass die KI die Aufgabe versteht. Nutzen Sie die Fähigkeit der KI, Muster und Anomalien zu erkennen, indem Sie Fragen zu Umsatzschwankungen, Änderungen der Verbraucherpräferenzen und Verschiebungen von Branchentrends stellen.

Berichte erstellen

ChatGPT und Co. können ein hervorragendes Werkzeug sein, um **Berichte** effizient und effektiv zu erstellen. Durch die Nutzung ihres umfangreichen Wissens und seiner Sprachkenntnisse kann die KI schnell genaue Informationen und Erkenntnisse liefern, die in Berichte aufgenommen werden können. Durch die Fähigkeit, natürliche Sprache zu verstehen, kann die KI dazu beitragen, den Prozess der Berichterstellung zu rationalisieren und dem Verfasser Zeit und Mühe zu ersparen. Zu den möglichen Anwendungsfällen gehören die Erstellung von statistischen Zusammenfassungen, die Zusammenfassung von Datentrends und die Erstellung von Zusammenfassungen für die Geschäftsführung.

"Bitte erstelle mir einen umfassenden Bericht über [THEMA], der [BESTIMMTE DATEN ODER INFORMATIONEN] klar und prägnant zusammenfasst. Der Bericht sollte [BESONDERE DETAILS] enthalten, für [ZIELGRUPPE] konzipiert sein und [ANZAHL] Seiten umfassen."

"Ich möchte, dass du die Daten, die ich zu [THEMA] gesammelt habe, nutzt, um einen detaillierten Bericht für mich zu erstellen. Der Bericht sollte [LÄNGE] haben, [BESONDERE KRITERIEN] enthalten und für [ZIELGRUPPE] konzipiert sein. Bitte gib auch [BESONDERE DETAILS] an und achte darauf, dass der Bericht im [FORMATIERTEN STIL] gehalten ist. Die Daten:[DATEN]"

"Können Sie mir helfen, einen Bericht über [THEMA] zu erstellen? Der Bericht sollte [BESONDERE KRITERIEN] enthalten und für [ZIELGRUPPE] konzipiert sein. Bitte füge auch [SPEZIFISCHE DETAILS] hinzu und achte darauf, dass der Bericht [LÄNGE] hat."

"Was sind mögliche Auswirkungen von [DATEN/ZAHLEN/INFORMATIONEN], und wie kann ich sie in meinem Bericht über [THEMA] angesichts des [ZIELS/Zwecks] des Berichts und der [POTENTIELLEN PRAKTISCHEN/ETHISCHEN AUSWIRKUNGEN], die erörtert werden müssen, wirksam vermitteln?"

"Welche effektiven Möglichkeiten gibt es, um [DATEN/ZAHLEN/INFORMATIONEN] in einem Bericht über [THEMA] zu visualisieren, wenn man die [ZIELGRUPPE/Zweck] des Berichts, die [ART DER DATEN/ANALYSE] und die [SCHLÜSSELMESSAGEN/EINBLICKE], die vermittelt werden sollen, berücksichtigt und dabei auch die [GRUNDSÄTZE/STANDARDS DER VISUELLEN GESTALTUNG] und die [POTENTIELLEN BEGRENZUNGEN/AlTERNATIVEN] der verschiedenen Visualisierungsoptionen berücksichtigt?"

Crisis Management Plan

ChatGPT und Co können ein nützliches Werkzeug sein, um einen Krisenmanagementplan zu erstellen, indem sie Ihnen eine Fülle von Informationen zu diesem Thema bieten. Mit seiner umfangreichen Wissensdatenbank kann die KI Ihnen dabei helfen, Ideen für Krisenmanagementpläne zu entwickeln, Strategien für den Umgang mit verschiedenen Arten von Krisen zu entwickeln und Anleitungen für die Umsetzung effektiver Krisenmanagementpläne zu geben. die KI kann Ihnen auch dabei helfen, potenzielle Risiken und Gefahren zu erkennen, und Ihnen Tipps geben, wie Sie sie entschärfen können. Mit der KI können Sie den Prozess der Erstellung eines Krisenmanagementplans rationalisieren und sicherstellen, dass Ihr Plan umfassend, effektiv und auf Ihre speziellen Bedürfnisse zugeschnitten ist.

"Erstelle einen umfassenden Krisenmanagementplan für [NAME DES UNTERNEHMENS/DER ORGANISATION], der Protokolle für [z.B. KOMMUNIKATIONSMETHODEN/EVAKUIERUNGSROUTEN/STAFFSCHULUNG/REGEL LICHE PLANÜBERPRÜFUNG] enthält. Gib auch Empfehlungen für die Entschärfung potenzieller Krisen wie [z.B. NATURKATASTROPHEN/CYBER-ATACKS/SUPPLY CHAIN DISRUPTIONS]."

"Entwickle einen Krisenmanagementplan für [TYP DER ORGANISATION], der einen schrittweisen Ansatz für die Reaktion auf [TYP DER KRISE] skizziert, klare Rollen und Verantwortlichkeiten für [z.B. STAKEHOLDERGRUPPEN] festlegt und Notfallpläne für [z.B. WORST-CASE-SKENARIOS] enthält. Stelle außerdem sicher, dass der Plan den gesetzlichen und behördlichen Anforderungen in Bezug auf [z.B. DATENSCHUTZ/Arbeitsplatzsicherheit/NOTFALLVORBEREITUNG] gerecht wird.

"Entwirf einen Krisenmanagementplan für [BRANCHE/SEKTOR], der ein breites Spektrum potenzieller Krisen abdeckt, bewährte Praktiken von [GLEICHEN ORGANISATIONEN] einbezieht und eine Kommunikationsstrategie für [z.B. MEDIENERREICHUNG/INTERNE KOMMUNIKATION/KRISISISONENÜBERWACHUNG] enthält. Außerdem sind Protokolle für [z.B. FINANZIELLE WIEDERHERSTELLUNG/GESCHÄFTSFÜHRUNG/REPUTATIONSMANAGEMENT] enthalten."

"Was sind die [z.B. ETHISCHEN/RECHTLICHEN/PR] Auswirkungen verschiedener Krisenmanagementstrategien, und wie kann ich sie in meinem eigenen Plan [z.B. in Anbetracht der spezifischen Vorschriften/Richtlinien in meiner Branche/Region] [navigieren]?

"Wie kann ich [z.B. SPEZIFISCHE TECHNOLOGIEN/SOFTWARE PLATTFORMEN] einsetzen, um meinen Krisenmanagementplan zu verbessern, und welche [z.B. DATEN/ANALYTIK/METRIKEN] sollte ich verfolgen, um seine Wirksamkeit zu messen, [z.B. UNTER GEWÄHRLEISTUNG DES DATENSCHUTZES/der DATENSICHERHEIT UND DER EINHALTUNG DER GELTENDEN GESETZE/VERORDNUNGEN]?"

Beginnen Sie damit, die wahrscheinlichsten Risiken und Gefahren zu ermitteln, denen Ihr Unternehmen ausgesetzt sein könnte, und setzen Sie Prioritäten auf der Grundlage ihrer möglichen Auswirkungen. Nutzen Sie die KI, um Best Practices für das Krisenmanagement zu recherchieren und sie in Ihren eigenen Plan zu integrieren. Testen Sie Ihren Krisenmanagementplan regelmäßig und nehmen Sie bei Bedarf Anpassungen auf der Grundlage von Feedback und Erfahrungen vor.

Strategien für eine Unternehmenskultur

ChatGPT und Co. können dazu genutzt werden, eine Strategie für die **Unternehmenskultur** zu entwickeln, indem Ideen und Erkenntnisse auf der Grundlage einer Vielzahl von Inputs wie der Vision, der Mission, den Werten und den Zielen des Unternehmens generiert werden. Die KI kann Empfehlungen geben, wie die Unternehmenskultur gestaltet und kommuniziert werden kann. Dazu gehören Möglichkeiten, ein positives und integratives Arbeitsumfeld zu schaffen, Teamarbeit und Zusammenarbeit zu fördern und Innovation und Kreativität zu unterstützen. Die KI kann auch dabei helfen, potenzielle Hindernisse für den Aufbau einer starken Unternehmenskultur zu identifizieren und Wege zu ihrer Überwindung vorschlagen.

"Welche effektiven Möglichkeiten gibt es, eine Unternehmenskultur [z.B. AUFBAU/VERBESSERUNG] zu schaffen, die mit unseren [z.B. KERNWERTE/STRATEGISCHE ZIELE] übereinstimmt und [z.B. UNTERSTÜTZT/ANREGT] [z.B. DIVERSE/TALENTIERTE/ENGAGIERTE] Mitarbeiter/innen, [z.B. EINSCHLIESSLICH, ABER NICHT BESCHRÄNKT AUF] [z.B. CULTURE AUDITS/MITARBEITERUMFRAGEN/LEADERSHIP WORKSHOPS] und [z.B. TRANSPARENT/ENGAGIEREND] [z.B. KOMMUNIKATION/POLITIK]?"

"Wie können wir [z. B. durch] ein Gefühl der [z. B. ZUGEHÖRIGKEIT/EINSCHLUSS] unter unseren [z. B. FERNSEHEN/ VOR ORT/CONTRACT/TEILZEIT]-Mitarbeitern [z. B. INSBESONDERE WÄHREND/NACH] [z. B. KRISEN/UMSTRUKTURIEREN/WACHSTUM] und [z. B. DURCHz. B. DURCH] [MENTORSHIP-PROGRAMME/UNTERNEHMENSÜBERGREIFENDE ZUSAMMENARBEITEN/MITARBEITER-RESSOURCE-GRUPPEN] und [z. B. UNTERSTÜTZENDE/CONSISTENTE] [z. B. FÜHRUNGSKOMMUNIKATIONEN/FEEDBACK-MECHANISMEN]?"

"Welche Maßnahmen können wir ergreifen, um [z.B. INNOVATION/REATIVITÄT/COLLABORATION] in unserer Unternehmenskultur zu fördern, [z.B. durch] [z.B. TRAINING/MENTORSHIP/REWARD PROGRAMME] und [z.z. B. FUNKTIONSÜBERGREIFENDE/TEAMBILDENDE] Initiativen, [Z. B. INNOVATIONSLABOREN/IDEATIONS-SITZUNGEN/DESIGN SPRINTS] und [HACKATHONS/INTERNE INKUBATOREN]?"

"Was sind einige [POTENTIELLE/BEKANNTE] Hindernisse für den [AUFBAU/ERHALT] einer starken Unternehmenskultur und wie können wir sie [PROAKTIV/STRATEGISCH/TRANSPARENT] [ANGREIFEN/ÜBERWINDEN], [DURCH] [CULTURE CHAMPIONS/CHANGE AGENTS/CUSTOMIZED TRAINING PROGRAMS] und [REGELMÄSSIGES/COMPREHENSIVES] [FEEDBACK/ENGAGEMENT] [MECHANISMEN/REPORTING]?"

"Wie können wir [EFFEKTIV/STETIG] den [AKTUELLEN/PROSPEKTIVEN] Mitarbeitern unsere Unternehmenskultur vermitteln und [SICHERSTELLEN/MESSEN], dass sie mit unserer [MISSION/WERTE/STRATEGIE] übereinstimmen, [DURCH] [MEHRKANALKOMMUNIKATION/VERBESSERTE ONBOARDING-PROGRAMME/PERFORMANCE-EVALUATION] und [FEEDBACK/RECOGNITION] [MECHANISMEN/PROGRAMME]?"

Beginnen Sie mit einem klaren Verständnis der Vision, der Mission und der Ziele Ihres Unternehmens. Dies hilft Ihnen bei der Entwicklung Ihrer Unternehmenskulturstrategie und stellt sicher, dass sie mit Ihrer allgemeinen Geschäftsstrategie übereinstimmt. Beziehen Sie Ihre Mitarbeiter/innen in die Entwicklung Ihrer Unternehmenskulturstrategie ein. Dies wird dazu beitragen, dass Ihre Belegschaft die Kultur akzeptiert und sich für sie einsetzt. Evaluieren und verbessern Sie Ihre Strategie für die Unternehmenskultur kontinuierlich auf der Grundlage von Feedback und Ergebnissen. So können Sie sicherstellen, dass Ihre Kultur relevant und effektiv bleibt, um Ihre Unternehmensziele zu erreichen.

Fokusgruppen leiten

Die Durchführung von **Fokusgruppen** ist ein wichtiger Teil der Forschung und erfordert einen erfahrenen Moderator, der die Diskussion leitet und aufschlussreiches Feedback sammelt. ChatGPT und Co. können Sie bei dieser Aufgabe unterstützen, indem die Tools Gesprächsanfänge, Leitfragen und Fragen für ein tieferes Verständnis erstellen. Sie können auch die Antworten analysieren und Muster erkennen, um den Moderatoren zu helfen, Schlussfolgerungen aus dem Feedback der Gruppe zu ziehen.

"Welche [ADJEKTIV] [NOUN] könnten verwendet werden, um die Teilnehmenden zu ermutigen, ihre [ADJEKTIV] Gedanken über [THEMA] während einer Fokusgruppendiskussion mit dem Ziel [VERB] mitzuteilen?"

"Wie kann ChatGPT mir dabei helfen, [VERB] [ADJEKTIV] Einsichten von Teilnehmern während einer Fokusgruppendiskussion über [SPEZIFISCHER ASPEKT DES THEMENS] zu gewinnen, und welche [ADJEKTIV]-Fragen könnte ich verwenden, um diese Einsichten zu fördern?"

"Könntest du mir ein paar [ADJEKTIV] Folgefragen stellen, mit denen ich [VERB] während einer Fokusgruppendiskussion über [THEMA] tiefer in [ANTWORT DES TEILNEHMERS] eindringen kann?"

"Welche [ADJEKTIV]-Möglichkeiten gibt es, um mit ChatGPT die Antworten der Fokusgruppen zu analysieren und [ADJEKTIV]-Themen oder [ADJEKTIV]-Muster in Bezug auf [THEMA] zu identifizieren?"

"Kannst du einige [ADJEKTIV] Strategien für die Moderation einer Fokusgruppendiskussion vorschlagen, die [ADJEKTIV] und [ADJEKTIV] sind und den Einsatz von ChatGPT einbeziehen?"

Verwenden Sie offene Fragen: Ermutigen Sie die Teilnehmenden, ihre Gedanken und Gefühle mitzuteilen, indem Sie offene Fragen stellen, die nicht mit einem einfachen "Ja" oder "Nein" beantwortet werden können. Das hilft dabei, eine sinnvolle und aufschlussreiche Diskussion zu führen.

Seien Sie darauf vorbereitet, Sich anzupassen: eine KI kann manchmal unerwartete oder wenig hilfreiche Antworten hervorbringen. Als Moderator/in müssen Sie darauf vorbereitet sein, das Gespräch anzupassen und die Diskussion wieder in die richtige Bahn zu lenken.

Nutzen Sie die KI als Hilfsmittel, nicht als Ersatz: Auch wenn ChatGPT und Co. eine wertvolle Hilfe sein können, ist es wichtig, daran zu denken, dass es kein Ersatz für einen erfahrenen Moderator ist. Nutzen Sie die KI als Hilfsmittel, um Ihre Fokusgruppe zu verbessern, aber verlassen Sie Sich auf Ihre eigene Expertise, um die Diskussion effektiv zu leiten.

Business Intelligence Auswertung

ChatGPT und Co. können ein wertvolles Werkzeug bei der Durchführung von **Business Intelligence-Auswertungen** sein, indem sie durch die Verarbeitung natürlicher Sprache relevante und genaue Erkenntnisse liefern. Mit ihrer umfangreichen Wissensbasis kann die KI bei der Datenanalyse helfen, Muster erkennen und umsetzbare Empfehlungen erstellen, damit Unternehmen fundierte Entscheidungen treffen können. Um die besten Ergebnisse zu erzielen, ist es wichtig, spezifische und detaillierte Fragen zu stellen und der KI relevante Datenpunkte zur Verfügung zu stellen.

"Welche [SCHLÜSSELMETRIKEN] können analysiert werden, um [GESCHÄFTSZIEL] in [SPEZIFISCHER MARKT/INDUSTRIE] zu bestimmen, und wie können [DETAILLIERTE DATENSEGMENTIERUNG] und [PSYCHOGRAPHISCHE/DEMOGRAPHISCHE FAKTOREN] genutzt werden, um [SPEZIFISCHE ERKENNTNISSE] aus dieser Analyse zu ziehen?"

"Kannst du [SPEZIFISCHE METRIK] für verschiedene [DEMOGRAPHISCHE/PSYCHOGRAPHISCHE] Segmente analysieren und Einblicke in [POTENTIELLE CHANCEN/HERAUSFORDERUNGEN] für [GESCHÄFTSWACHSTUM/VERBESSERUNG] geben und dabei [EXTERNE FAKTOREN/KOMPETITORENSTRATEGIE] berücksichtigen, die sich auf die [GESCHÄFTSLEISTUNG] auswirken könnten?"

"Welches sind die [SCHLÜSSELTECHNIKEN/CHALLENGEN/OPPORTUNITÄTEN], die auf der Grundlage der Analyse von [SPEZIFISCHER DATENSATZ] identifiziert werden können, um [SPEZIFISCHE GESCHÄFTSPROZESSE/STRATEGIE] zu [INFORMIEREN/OPTIMIEREN/UMZUSTELLEN] und dabei [EXTERNE FAKTOREN/INDUSTRIERTRENDEN] zu berücksichtigen, die sich auf die [GESCHÄFTSLEISTUNG] auswirken könnten?"

"Wie können [DETAILLIERTE MARKTFORSCHUNG/VERBRAUCHERSICHTEN] genutzt werden, um [PRODUKT-/DIENSTLEISTUNGSENTWICKLUNG] und [GESCHÄFTSSTRATEGIE] zu [INFORMIEREN/OPTIMIEREN/VERSTÄRKEN] und dabei [EXTERNE FAKTOREN/WETTBEWERBERSTRATEGIE] zu berücksichtigen, die sich auf die [GESCHÄFTSLEISTUNG] auswirken könnten, und welche [SPEZIFISCHEN EMPFEHLUNGEN/EINBLICKE] lassen sich aus dieser Analyse ableiten?"

"Was sind die [WICHTIGSTEN MARKTTRENDS/WETTBEWERBSSTRATEGIE], die analysiert werden können, um [EINEN WETTBEWERBSVORTEIL ZU ERHALTEN/eine GESCHÄFTSSTRATEGIE ZU VERBESSERN], wobei [EXTERNE FAKTOREN/INDUSTRIERTRENDS] zu berücksichtigen sind, die sich auf die [GESCHÄFTSLEISTUNG] auswirken könnten, und was sind die [SPEZIFISCHEN ERKENNTNISSE/EMPFEHLUNGEN], die aus dieser Analyse abgeleitet werden können?"

Business Intelligence Auswertung

ChatGPT und Co. können für die **Branchenforschung** genutzt werden, indem sie wertvolle Einblicke, Statistiken und Trends zu einer bestimmten Branche liefern. Durch die Eingabe von relevanten Schlüsselwörtern und Fragen, die sich auf die Branche beziehen, kann die KI eine große Menge an Informationen generieren, die als Grundlage für Geschäftsentscheidungen und Strategien dienen können. Mit ihrer Fähigkeit, große Datenmengen zu verstehen und zu analysieren, kann die KI Unternehmen dabei helfen, über die neuesten Entwicklungen in ihrer Branche auf dem Laufenden zu bleiben, neue Chancen zu erkennen und der Konkurrenz voraus zu sein.

"Wie kann ich ChatGPT nutzen, um die wichtigsten [ANZAHL] aufkommenden Trends in [BRANCHE] und ihre potenziellen Auswirkungen auf [SPEZIFISCHER ASPEKT] der Branche zu identifizieren, basierend auf [SPEZIFISCHE DATENQUELLEN] wie [QUELLE 1], [QUELLE 2] und [QUELLE 3]?

"Wie kann ich mit ChatGPT die Marktgröße von [PRODUKT/DIENST] in [LAND/REGION] ermitteln und das Wachstumspotenzial in [SPEZIFISCHES MARKTSEGMENT] unter Berücksichtigung von [SPEZIFISCHE MARKTFAKTOREN] wie [FAKTOR 1], [FAKTOR 2] und [FAKTOR 3] analysieren?

"Wie kann ChatGPT mir dabei helfen, eine umfassende Liste der führenden Unternehmen in [Branche] auf der Grundlage von [SPEZIFISCHE KRITERIEN], wie Umsatz, Marktanteil und Innovation, zu erstellen und sie nach [SPEZIFISCHE RANKING-FAKTOREN], wie [FAKTOR 1], [FAKTOR 2] und [FAKTOR 3], zu bewerten?"

"Welche Schritte muss ich unternehmen, um die wichtigsten Herausforderungen zu verstehen, denen sich [INDUSTRIE] auf dem aktuellen Markt mit ChatGPT gegenübersieht, einschließlich [SPEZIFISCHE HERAUSFORDERUNGEN] und deren potenzielle Auswirkungen auf [SPEZIFISCHER ASPEKT] der Branche, und wie kann ich diese Informationen nutzen, um [SPEZIFISCHE STRATEGIEN] zur Bewältigung dieser Herausforderungen zu entwickeln?"

"Wie kann ich ChatGPT nutzen, um mich über die neuesten Fortschritte bei [TECHNOLOGIE/PRODUKT] in [INDUSTRIE] zu informieren, einschließlich [SPEZIFISCHER WEITERENTWICKLUNGEN], ihrer potenziellen Auswirkungen auf die Branche und Strategien für ihre Einführung, basierend auf [SPEZIFISCHEN ANWENDUNGSFÄLLEN], wie [ANWENDUNGSFALL 1], [ANWENDUNGSFALL 2] und [ANWENDUNGSFALL 3]?"

Formulieren Sie Ihre Fragen genau: Um möglichst genaue und relevante Informationen zu erhalten, ist es wichtig, dass Sie Ihre Fragen präzise formulieren. Wenn Sie branchenspezifische Begriffe verwenden und gezielte Fragen stellen, kann die KI präzisere Antworten geben.

Kapitel 10: Spezielle Prompts für ChatGPT & Co.

Firmenbeschreibung / Posting Ideen / Output: Tabelle

Im Folgenden finden Sie spezielle Prompts für Instagram. Bitte bedenken Se, dass Sie diese jeweils auf Ihre eigenen Bedürfnisse anpassen müssen. Diese Prompts sind länger und spezialisiert auf bestimmte Bereiche:

Ich möchte, dass du für mich recherchierst. Agiere als Experte für Instagram und Social-Media-Vermarktung. Nenne mir 10 Frustrationen, 10 Wünsche und 10 Ängste, die (meine Zielgruppe) mit ihrem (Bereich des Fokus) erlebt. Fasse die Ergebnisse in einer Tabelle zusammen. Beschrifte die X-Achse mit den Zahlen 1 bis 10 und die Y-Achse mit den Frustrationen, Wünschen und Ängsten.

Generiere einen Posting Kalender mit 1 täglichen Ideen für 30 Tage. Die Posts sollten kategorisiert werden in Content über uns, Bewusstsein des Problems unserer Follower, unsere Skills, um ihre Probleme zu lösen, sowie Content der zeigt, dass wir genau diese Probleme lösen können und warum. Liste die Posting ideen, die einfach und schnell zu kreieren sind, mit klarer Dramaturgie und guten hooks! Wir sind (unser Unternehmen) und bieten (Lösung, detaillierte Produktbeschreibung mit Wert für den Kunden) Unsere Zielgruppe sind (Zielgruppe einfügen). Wir sind in (Ort), haben ein (X) Team mit (Sills Beschreiben) . (Ergänzen Sie Hier noch sonstige Informationen! Seien Sie spezifisch. und detailreich). Die Tabelle sollte den Wochentag, Art des Posts, Ideen und Struktur, den visual hook, caption, und einen mittellangen text des gesamten Posts, sowie hashtags und call to actions beinhalten.

Erstelle einen wöchentlichen Instagram-Story-Kalender in Tabellenform mit 2 täglichen Story-Ideen, die 7 Tage abdecken. Die Beiträge sollten Folgendes enthalten:

- 6 x lösungsorientierte Inhalte: Zeigen Sie, dass Sie sich der Probleme Ihres Publikums bewusst sind und dass Sie in der Lage sind, ihm bei der Lösung dieser Probleme zu helfen.

- 4 x verkaufsorientierte Inhalte: Zeigen Sie, dass Sie sich selbst oder Ihre Kunden verändert haben.

- 4 x auf Teilen basierende Inhalte: Zeigen Sie Ihre Persönlichkeit und Ihre Meinung, um Gleichgesinnte anzuziehen. Ich bin [Beruf/Unternehmen angeben]. Meine Zielgruppe ist [X Alter], lebt in [X Ort], hat [X Beruf] und möchte [Traumergebnisse einfügen] erreichen. Die Tabelle sollte Folgendes enthalten: Wochentag, Beitragstyp, Ideen, Anweisungen, Bildmaterial, Aufhänger, unterstützender Text und alle anderen nützlichen Funktionen.

Schreibe 5 Fragen für einen Instagram-Post, der sich an [Ihr ideales Publikum] richtet

Verfasse eine Instagram-Biografie mit nicht mehr als 150 Zeichen für einen [Geschäftsinhaber/Unternehmer], der [Ihrer idealen Zielgruppe] mit [Ihrem Angebot] hilft], einschließlich eines Handlungsaufrufs zu [gewünschte Handlung]

alternativ:

Treten Sie als [geben Sie Ihre Kundennische ein] auf und schreiben Sie mir eine dreizeilige Instagram-Biografie mit maximal 150 Zeichen für einen Experten [schreiben Sie Ihren USP], der [schreiben Sie Ihre Zielgruppe] dabei hilft, [Ergebnisse] zu erzielen. Verwenden Sie Emojis und gestalten Sie es einfach, unterhaltsam und professionell.

Verfassen Sie einen Social Media-Post, in dem Sie [Ihr Produkt/Ihre Dienstleistung] bei [Ihrer idealen Zielgruppe] bewerben und betonen, wie es dabei helfen kann, [Wunsch] zu erreichen und [Schwachstelle] zu lösen.

Verfassen Sie einen äußerst lehrreichen Social Media-Post über [Thema] für [Ihre ideale Zielgruppe], in dem Sie erklären, wie [Problem] mithilfe von [Ihrem Angebot] gelöst werden kann.

Erstellen Sie 10 Ideen für Social Media-Karussell-Posts für [Ihre ideale Zielgruppe], die [ein bestimmtes Problem] ansprechen und [Ihr Angebot] präsentieren, mit nicht mehr als einem Absatz pro Folie.

Schreiben Sie 5 Handlungsaufforderungen für [Ihre ideale Zielgruppe] mit dem Ziel, den Traffic auf [Ihre Website, Landing Page] zu lenken, wobei der Schwerpunkt auf der Lösung von [Problempunkt] liegt.

Schreiben Sie 10 einzeilige Aufhänger für einen Beitrag, der [Schmerzpunkt] für [Ihre ideale Zielgruppe] behandelt und darauf abzielt, in den ersten Sekunden Aufmerksamkeit zu erregen.

Wie kann ich diese Aufhänger für meine Nische verwenden, um sie für mein Publikum interessant zu machen, mit dem Ziel, [Ihr Angebot] zu bewerben?

Ich bin ein [schreiben Sie Ihre Nische] Experte für [schreiben Sie die Transformation]. Ich erstelle einen 30-tägigen Inhaltskalender, in dem ich 15 Tage lang für 1 Angebot mit hohem Ticketpreis (erläutern Sie das Angebot) und in den nächsten 15 Tagen für 1 Angebot mit niedrigem Ticketpreis (erläutern Sie das Angebot) werbe. Geben Sie mir 30 Ideen für Inhalte mit Aufhängern/Überschriften, damit meine Zielgruppe Lust bekommt, aktiv zu werden. Erstellen Sie im Tabellenformat.

Handeln Sie als [schreiben Sie Nische und Expertise] Schreiben Sie mir ein 30-Sekunden-Skript für ein Video [erklären Sie das Thema so gut wie möglich]. Schreiben Sie es mit einer einprägsamen Überschrift, einfach und aus der Sicht einer Führungskraft und Autoritätsperson.

Ich bin ein [Nische aufschreiben], die [Zielgruppe] zu [Ergebnissen] inspiriert. Schreiben Sie mir eine Kopie zu [Thema erläutern] in einer Sprache, die Autorität und Führungsstärke vermittelt, mit passenden Emojis. Behalten Sie den CTA bei [eigenen CTA aufschreiben]

Ich bin ein [schreiben Sie Ihre Nische auf], der sich an [Ihre Zielgruppe] richtet, um Maßnahmen zu ergreifen.... Schreiben Sie mir 20 aufmerksamkeitsstarke Aufhänger für 6-7 Sekunden lange Videoclips. Dies sollte Follower dazu verleiten, sich mit meinen Inhalten zu beschäftigen. Bitte verwenden Sie die AIDA-Marketingmethode

In a nutshell – Top Business Prompts

Strategic Analysis	Generate a comprehensive SWOT analysis for (specific company / product) including 5 points for each category and brief explanations.
Content planning	create a detailed content calendar for the next 3 months including blog post titles main topics and otimal posting dates for (specific industry)
Social Media Marketing	Develop a 30 day social media campaign strategy for (product launch) inluding post ideas, hashtags and engagement tactics or each major platform
Project Management	write a complete proposal for (specific project) including objectives, methodology, timeline, budget and expected outcomes
Customer Exoerience	Design a customer journey map for (specific service) detailling touch points, emotions and opportunities for improvement at each stage
Human Resources	Create a comprehensive employee onboarding checklist for (specific role) including task, responsibilities and timelines
Content Ideation	Generate a List of 50 potential blog post ideas for (specific niche),complete with working titles and brief outlines
Marketing Strategy	Develop a detailed marketing funnel for (specific product) including strategies for each stage from awareness to retention
Competitive Analysis	Create a comprehensive competitor analysis for (your company) in the (specific industry) covering at least 5 major competitors
Fitness Planning	Design a 12 week workout and meal plan for (specific fitness goal) including excercise routines, rep counts and meal suggestions
Product Development	Generate a complete product roadmap for the next 12 months for (specific software / product) including features, release dates and development priorities
Crisis Management	Create a detailed crisis communication plan for (specific scenario) including key messages, stakeholder analysis and communication channels
Search Engine Optimization	Develop a comprehensive SEO strategy for (specific website) including keyword research on-page optimization tactics and link building ideas
Entrepreneurship	Write a detailed business Plan for (specific start up idea) including market analysis, financial projections and marketing strategies
E Mail Marketing	Create a comprehensive e mail markting sequence for (specific goal) including 10 e mail templates with subject lines and content outlines

In a nutshell – Top Ten Social Media Prompts

Create Perfect Prompt	Be my prompt creator, assisting me in creating optimal prompts. First, inquire about the prompt topic, then improve through iterations, generating: a) a revised prompt. b) suggestions, and c) questions for clarity and enhancement.
Email Marketing	I'm looking for a (type of email) that will speak directly to the needs and pain points of my [ideal customer persona) and persuade them to take [desired action] with a sense of urgency and strong offer.
Optimize your website	I'm looking for ways to optimize my website's title tags and meta descriptions for on-page SEO for my website about " (topic).
Cold DM	I'm looking for a cold DM idea that will use the influence and reach of my [brand/company] to drive traffic and sales to my [product/service] for my [ideal customer persona).
Create social media posts	I'm planning to promote my new blog post about the benefits of meditation on social media. Can you help me come up with some ideas for catchy and informative social media posts?
Simplify complex information	I'm studying the impact of social media on political polarization. Could you help summarize a research paper on this and outline the key points?
Create email templates	I'm aiming to simplify my email correspondence with pre-designed templates for frequent responses. Could you assist in creating templates for addressing customer queries and information requests?
Write a Blog Post	I want to write an SEO-optimized blog post about the top trends in web design for 2023. Can you assist in crafting a concise, data-backed blog on 2022's web design trends?
YouTube AD Script	I'm looking for a YouTube ad script that will introduce my [product/service) to my [ideal customer persona) and persuade them to take [desired action] with a strong call-to-action and compelling visuals.
Generate Content Ideas	I'm looking for a Twitter post idea that will provide valuable and relevant information to my [ideal customer persona) about [subject) and attract high-quality leads with ong call to action.

Weitere Bücher der Reihe:

Der ultimative Social Media Fahrplan

Rund 80% aller KMU haben bereits seit 2014 eine Prä-
senz auf Plattformen wie Facebook, Instagram, Linke-din
und Co. Allerdings nutzen viele dieser Unterneh-men
noch keine umfassende Social Media Strategie, was
bedeutet, dass sie das volle Potenzial dieser Kanä-le oft
nicht ausschöpfen.
Es gibt jedoch zahlreiche Tipps und Strategien, wie
mittelständische Unternehmen Social Media effektiv
nutzen können, um ihre Zielgruppen zu erreichen und
ihre Marketingziele zu erfüllen.

Generation Z- Mehr als Work-Life-Balance?

Keine Generation polarisiert mehr als die Generation
Z. Und bekanntlich ist ja auch an jedem Gerücht ein
bisschen Wahrheit. Oder doch nicht? Wie tickt diese
Generation? und was bedeutet das für die Arbeitswelt,
wenn mehr und mehr junge Menschen in das Arbeits-
leben starten? Wird es die Arbeitsmodelle von heute
mittelfristig nicht mehr geben? oder ist es doch alles gar
nicht so wie man es häufig hört?

KI - Ungenutztes Potenzial

Künstliche Intelligenz (KI) bietet enormes Potenzial für
den Mittelstand, wird jedoch oft nicht vollstän-dig
ausgeschöpft. fehlendes Wissen, Angst vor hohen Kosten
und   Fachkräftemangel   aber   auch   Skepsis   und
Unsicherheit bei der Implementierung sind nur einige
Gründe dafür. Trotz dieser Herausforderungen gibt es
viele Erfolgsgeschichten, die zeigen, wie mittelständi-sche
Unternehmen von KI profitieren können. Mit der
richtigen Strategie und Unterstützung können auch
kleinere Unternehmen die Vorteile von KI nutzen, um
ihre Effizienz zu steigern und wettbewerbsfähig zu
bleiben.

Inhalte teilweise mit Hilfe von KJ generiert

Julia Katrin Rohde ist Seriengründerin verschiedener Unternehmen im Bereich Nachhaltigkeit, Medizin oder Beratung.

Zuvor war sie in internationalen strategischen und kaufmännischen Funktionen in Start-ups und Konzernen tätig. Sie war viele Jahre im Bereich M&A tätig und ist Mitbegründerin von advisoryteam, wo sie in Transformationsprojekten die Rolle einer strategischen Beraterin für Führungskräfte und Vorstände innehält. Sie ist Wirtschaftswissenschaftlerin (BA), Psychologin (BSc) und Biomedical Engineering (Dipl. Ing.).

advisoryteam® löst als Partner industrieller Mittelstandskunden mit ihnen gemeinsam ihre Entwicklungs- und Transformationsaufgaben.
 Unsere Kunden erreichen mit uns wirkungsvolle Strategien, Organisationen und Prozesse in Zentralfunktionen wie IT, Marketing, Vertrieb, HR oder Finanzen. Digitalisierung und ESG stehen dabei besonders im Fokus.